8° R
26532

*Pour l'Éducation des Tout-Petits*

R
26532
25650

# MANUEL DU JARDIN D'ENFANTS

PAR

Mlle E. BRANDT

Directrice du *Jardin d'Enfants* de Thivet (Haute-Marne)

Préface de M. Paul Bureau

LIBRAIRIE ARMAND COLIN
Rue de Mézières, 5, PARIS

45050

# MANUEL
DU
# JARDIN D'ENFANTS

8R
26532

*Pour l'Éducation des Tout-Petits*

---

# MANUEL
## DU
# JARDIN D'ENFANTS

PAR

M^lle E. BRANDT

Directrice du *Jardin d'Enfants* de Thivet (Haute-Marne)

LIBRAIRIE ARMAND COLIN

Rue de Mézières, 5, PARIS

1913

Tous droits de reproduction, de traduction et d'adaptation réservés
pour tous pays.

Copyright nineteen hundred and thirteen
by Max Leclerc and H. Bourrelier,
proprietors of Librairie Armand Colin.

# PRÉFACE

A qui de nous n'est-il point arrivé, aux heures de libre réflexion, de s'interroger soi-même sur la destinée prochaine des générations qui suivront la nôtre ? Ces adultes, hommes et femmes, qui, vers 1950 ou 1960, seront les membres actifs de la cité, que seront-ils et quelle sera leur conception de la vie ? Leur corps sera-t-il robuste et bien entraîné au labeur ? Leur intelligence sera-t-elle saine, initiée tout au moins aux bonnes méthodes et aux connaissances indispensables ? Leur volonté sera-t-elle ferme dans le service du bien, leur cœur sera-t-il généreux, compatissant à toutes les douleurs, accessible à toutes les sollicitations du dévouement ? Seront-ils, en un mot, de bons citoyens de la cité moderne, préoccupés du bien social et disposés à *servir*, ou bien seront-ils des « profiteurs », soucieux seulement de leur intérêt immédiat, toujours enclins à *se servir* des hommes et des institutions ? Ressembleront-ils à ces égoïstes que nous rencontrons chaque jour et qui, afin de se mieux garantir contre ce que l'un d'eux appelait récemment le « poirisme », oppriment les autres et multiplient au centuple les maux dont souffrent leurs frères ? Angoissantes questions, auxquelles personne ne peut donner une réponse certaine.

En tout cas, on peut affirmer que jamais on n'a porté plus d'intérêt aux questions d'éducation, d'instruction et de formation de la jeunesse et de l'adolescence.

Qu'il s'agisse des tout petits, encore au berceau, ou des enfants de la première enfance, de leurs aînés qui ont dépassé les classes inférieures des écoles primaires ou des adolescents, vis-à-vis de tous, nous voulons adopter une même méthode : puisque notre instinct naturel nous pousse au commandement et à la domination, nous sommes décidés à nous surveiller nous-mêmes, à mieux étudier et à respecter ces énergies naissantes qui ont le droit de ne pas être écrasées par nous et doivent au contraire, grâce à notre affectueuse collaboration, atteindre la plénitude de leur développement.

Chaque personne humaine est, à nos yeux, un échantillon distinct d'humanité ; la vie spirituelle qui jaillit en elle l'invite à être un type unique, doué de qualités et d'aptitudes qu'aucune autre personne n'a jamais eues, ni n'aura jamais exactement au même degré ou de la même manière. Combien la vie sociale serait plus riche et plus belle, si chaque membre de la cité pouvait atteindre le plein épanouissement de ses facultés et avait la volonté de le faire servir au bien de la collectivité.

Rêverie idéaliste, dira-t-on, songe inutile ! Notre ignorance et plus encore notre paresse égoïste nous interdiront toujours de monter si haut ! Peut-être, mais encore faut-il tendre vers l'idéal et nous efforcer de diminuer la distance qui nous en sépare. Vers la fin du XVIII^e^ siècle et le milieu du XIX^e^, deux hommes, dont la perspicacité égalait le dévouement, Pestalozzi en Suisse, Frœbel en Allemagne, tentèrent, au profit des tout petits enfants, un effort de ce genre, et leur initiative a paru si bienfaisante qu'aujourd'hui des milliers d'écoles s'en inspirent. Il y a quelques années, plusieurs personnes, également sensibles au souci du bien public, estimèrent que la France ne devait pas demeurer plus longtemps étrangère à un mouvement qui avait pris déjà, en d'autres pays, en Angleterre et en Allemagne, en Suisse et aux

États-Unis, un si extraordinaire développement. Presque simultanément s'ouvrirent à Paris, en différents quartiers, à Charonne, à Montrouge et ailleurs, plusieurs jardins d'enfants, *Kindergarten,* sous la direction de maîtresses expérimentées : les écoles publiques et les lycées de filles rivalisèrent de zèle avec les « cours » ou les écoles privées et, dans les départements, plusieurs villes suivirent bientôt l'exemple de la capitale.

Parmi ces jardinières, M^lle^ Émilie Brandt se signala bientôt comme une de celles que ses dons naturels et sa connaissance approfondie de la technique frœbélienne préparaient le mieux à l'application exacte de la méthode nouvelle. Les hommes qui, il y a bientôt six années, reçurent sa première visite, ont conservé le souvenir de cette jeune fille timide, habituée aux analyses minutieuses de sa propre pensée, très ferme dans ses desseins, mais un peu hésitante sur la façon de les accomplir. Elle arrivait d'Alsace avec le seul dessein de faire connaître à ses frères de France ce jardinage d'un nouveau genre, plus intéressant que tous les autres. Elle était sortie de l'École Frœbel, de Berlin, dont elle avait obtenu le diplôme après deux années d'études complètes, et elle demandait pour son entreprise un appui matériel et moral. Un petit groupe fut constitué, et grâce à l'impulsion d'un prêtre, qui trouve toujours dans sa foi et sa charité chrétiennes de nouveaux motifs de s'associer à toutes les entreprises de culture et de perfectionnement de la famille, M. l'abbé Jean Viollet, un jardin d'enfants fut ouvert à Paris, rue du Moulin-Vert.

Pendant deux années, cette école demeura sous la direction de sa fondatrice et on fut si frappé de sa tenue excellente, de la fermeté de sa méthode, et surtout des extraordinaires progrès moraux et intellectuels réalisés par les petits enfants qui la fréquentaient, que, de divers côtés, on s'habitua à la considérer comme un modèle :

notamment, lorsque les très distinguées directrices du Collège Sévigné, à Paris, et du lycée de filles, à Versailles, voulurent installer dans leur établissement un *Kindergarten*, ou même une école normale de jardinières, elles eurent soin de s'assurer la précieuse collaboration de Mlle Brandt. Plus tard, les élèves-maîtresses du collège Sévigné allèrent, plusieurs fois par semaine, rue du Moulin-Vert, assister aux classes enfantines dirigées par les jardinières qui conservaient avec vigilance tous les détails de la pure méthode frœbélienne.

Au printemps de l'année 1910, des circonstances accidentelles avaient en effet éloigné de Paris la fondatrice de l'école de Montrouge, et l'avaient amenée à établir dans une petite commune de la Haute-Marne, à Thivet, un autre jardin d'enfants. Cet éloignement semblait devoir arrêter les progrès d'un mouvement dont les débuts paraissaient si encourageants; une fois de plus, il advint que le labeur d'approfondissement, poursuivi dans le silence et la retraite, se trouva plus fécond que ne l'eût pu être un effort nécessairement plus dispersé, poursuivi dans la grande ville. Aussi bien n'ai-je point à faire l'éloge du Jardin d'Enfants de Thivet : tout le monde en connaît aujourd'hui l'admirable technique éducative, depuis que M. Félix Klein en a consigné les détails en un livre où le charme incomparable du style le dispute à la finesse des analyses[1].

Mais ce jardin d'enfants, établi en un lieu de prédilection, n'avait pas seulement l'avantage de mettre sous les yeux des observateurs attentifs un exemple accompli de ce

1. *Mon Filleul au Jardin d'Enfants*, Paris, Librairie Armand Colin, 1912. Il est superflu de faire ici l'éloge de cet ouvrage dont la lecture est indispensable à toutes les mères et institutrices qui s'intéressent à la méthode Frœbel et qui a d'ailleurs rencontré auprès du public un accueil très empressé.

que peut être un *Kindergarten;* par le fait de l'isolement à la campagne, il avait offert à la directrice l'occasion d'approfondir encore sa méthode, d'en mieux saisir l'originalité et la valeur psychologique. Le progrès de l'institution avait suscité le progrès de la pensée qui avait, à son tour, concouru au perfectionnement de l'œuvre.

Conscients de cet effort et de ses résultats, les amis de la méthode frœbélienne et de Mlle Brandt pensèrent que le moment était venu pour celle-ci de commenter elle-même une méthode dont elle s'était assuré une si complète maîtrise. La directrice de l'école de Thivet a cédé devant leur insistance, elle a triomphé de sa répugnance à toute exposition doctrinale ou théorique et, en dépit des difficultés supplémentaires qui résultent pour elle de sa formation dans un institut de l'étranger, elle s'est décidée à écrire le présent volume.

Il ne sied pas de louer ici ce livre : je demande seulement aux personnes qui le liront de n'y point chercher ce que personne ne s'est proposé d'y mettre. L'auteur *qui suppose connu le dessein général de la méthode Frœbel*[1], n'a voulu formuler ni la théorie de cette méthode, ni même la théorie de la technique à suivre pour l'appliquer. Elle a voulu seulement, s'adressant à des mères ou à des institutrices soucieuses de profiter pleinement de l'invention du grand pédagogue allemand, leur donner les détails pratiques et exacts de cette technique, et il me semble qu'elle s'est excellemment acquittée de cette tâche limitée et précise. L'exactitude des renseignements fournis sur « l'idée centrale », sur « l'objet de centralisation », sur le

1. Aux personnes qui ignoreraient le principe de cette méthode, on ne peut que conseiller la lecture du charmant livre de M. Félix Klein et je me permettrai aussi de les renvoyer à un article que j'ai publié dans la *Revue Hebdomadaire,* le 18 mai 1912.

*Monatsgegenstand*, comme disent les Allemands, ou sur l'emploi du temps pendant une semaine, est aussi méthodique et minutieux qu'on pouvait le souhaiter ; chaque ligne, pourrait-on dire, est un document.

Peut-être me permettra-t-on de signaler qu'il était temps qu'une œuvre de ce genre fût publiée. La méthode Frœbel a eu, en France, depuis cinq ou six années, un énorme succès : elle a bénéficié d'une sympathie si vive que cette sympathie même aurait pu devenir pour elle un grave danger. De toutes parts, des frœbéliennes, des jardinières se sont offertes pour répondre à des demandes très étendues, et il est arrivé souvent que la formation technique des institutrices n'était point à la hauteur de leur bonne volonté. Parce qu'on avait réfléchi quelque peu sur la psychologie de l'enfant, parce qu'on avait attrapé quelques renseignements sur la pédagogie et même sur la pédologie — ce mot produit à lui seul une vive impression — on se croyait autorisé à se dire Frœbélien. C'est une méprise que le livre de M^lle^ Brandt aidera à dissiper. La méthode frœbélienne vaut ce qu'elle vaut : pas plus que les autres œuvres humaines, elle n'a la prétention d'échapper aux lois de la contingence et de la relativité, ni de ne pouvoir être susceptible de perfectionnements. Du moins convient-il, quand on se couvre de son drapeau, de ne point échanger sous son pavillon une marchandise qui mériterait un autre nom. Frœbel a eu une conception très particulière de l'éducation et de l'instruction des petits enfants ; la technique de sa méthode est minutieuse et on a même souvent critiqué l'originalité exagérée de ses « dons ». Il est donc légitime de demander à toutes les personnes qui se réclament de son nom, de connaître vraiment cette spécialité et de la respecter : la clarté des idées et des discussions et la loyauté de la concurrence ne pourront qu'y gagner.

Le livre de Mlle Brandt — et elle prend soin de nous le rappeler expressément, — ne peut d'ailleurs dispenser personne de la préparation complète que peut *seule* donner une école normale frœbélienne. Dans les pays où il existe de semblables écoles, on exige pour la collation du diplôme une scolarité assidue de deux années et on estime que ce délai est juste suffisant pour assurer aux candidates la maîtrise complète de cette pédagogie. Si nous voulons en France imiter une discipline pédagogique dont on ne conteste plus à l'étranger la singulière efficacité, ne nous contentons pas d'une imitation au rabais et acceptons généreusement les conditions qui peuvent seules nous assurer le succès.

A ce propos, il convient peut-être de fournir une explication aux disciples de la méthode frœbélienne intégrale et aux jardinières qu'un commerce prolongé avec la doctrine et les écrits du maître a rendues plus attentives aux trop nombreuses déformations dont cette méthode a été la victime. Frœbel aimait à répéter que « l'esprit de Dieu se révèle dans la nature, comme l'âme des artistes en leurs tableaux et en leurs statues » : sans cesse, les préoccupations religieuses assiégeaient son esprit et il ne perdait aucune occasion de faire admirer aux petits enfants la sagesse et la bonté du Père céleste.

L'auteur de ce *Manuel* a délibérément laissé de côté la partie religieuse de l'œuvre frœbélienne. Quelques-uns — dont je suis — pourront le regretter, mais, en l'état de division de nos disciplines scolaires, Mlle Brandt a pensé qu'elle pouvait laisser aux maîtresses la libre interprétation de leurs sentiments intimes, de leurs croyances religieuses.

Quelles que soient ces croyances, quels que soient ces sentiments, rappelons du moins à ces jardinières qu'il ne peut exister d'éducation efficace, solide, complète, tant que l'éducateur ne donne pas sa pensée profonde, son cœur, toute son âme. De nos jours, les cours techniques d'éducation se sont multipliés, on étudie avec ardeur « la neurologie et la psychiâtrie de l'enfant », « l'anatomie de son système nerveux », « la psychologie de ses nerfs et de ses muscles », on subit sur « la pédologie » des examens difficiles. Cet effort est en soi-même méritoire et digne d'éloges, et il serait étrange que la science qui nous a permis de réaliser tant de progrès dans nos méthodes d'élevage des animaux domestiques et de culture des plantes n'eût rien à nous apprendre lorsque nous entreprenons une tâche plus féconde et plus importante que toutes les autres, l'éducation et la formation intellectuelle des petits enfants. Cependant cet effort ne sera efficace qu'autant qu'il sera associé à un souci d'éducation spécifiquement morale et de formation du caractère. Si jeune soit-il, l'enfant est autre chose qu'un animal qu'il s'agit de dresser, qu'une force qu'il s'agit de capter. Comme le disait M. Émile Boutroux, au deuxième Congrès d'éducation morale de la Haye, « l'enseignement de la morale est, comme le pensait Socrate, suspendu à la morale elle-même. Il n'est donné dans sa réalité qui est esprit et vie, il n'est reçu de façon efficace que par des esprits animés de dispositions morales capables par la bonne volonté de viser à l'intelligence et à la réalisation de la volonté bonne ». N'oublions pas que « moralité, c'est effort, bonne volonté, empire sur soi-même, amour de l'idéal, risque, gageure, oubli de la rémunération et cela ne s'apprend pas. » Si nous oubliions cette vérité, nous pourrions quand même être des savants ; il nous serait interdit d'être des éducateurs.

Paul BUREAU.

# MANUEL DU JARDIN D'ENFANTS

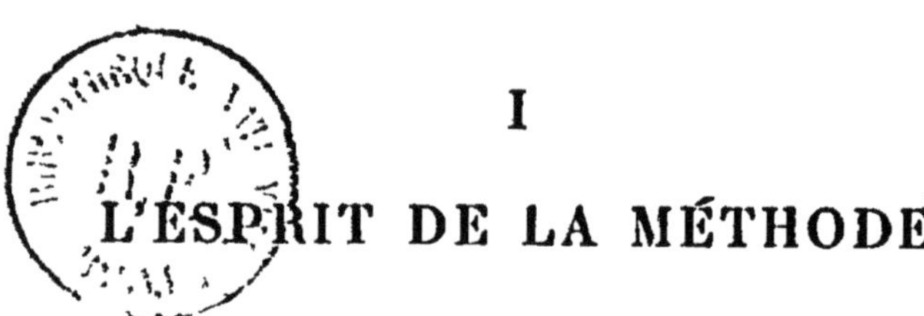

## I

## L'ESPRIT DE LA MÉTHODE

### *Le Jardin d'Enfants. — L'Idée Centrale.*

A quoi s'applique exactement l'expression de « Jardin d'Enfants »? Ce n'est pas nécessairement à un jardin réel où viendraient s'amuser des enfants du matin au soir. Une pelouse peuplée de jeunes bébés pourra bien être un jardin avec des enfants, mais non pas un « Jardin d'Enfants ». Si Frœbel a donné ce dernier titre à ses écoles enfantines, c'est qu'il y faisait régner une méthode d'éducation qui cultivait le jeune enfant d'une manière particulièrement heureuse et efficace.

L'esprit de la méthode consiste à développer en toute liberté la nature individuelle de l'enfant dans une atmosphère de bon ordre et d'harmonie. Harmonie et liberté, harmonie et spontanéité, —

ces deux choses peuvent paraître impossibles à concilier dans l'éducation de ce petit monde turbulent et volontaire des enfants de 3 à 6 ans. Mais c'est justement l'intérêt des expériences de Frœbel de montrer au contraire qu'en dirigeant attentivement les jeunes enfants dans l'exercice d'une liberté très grande, en permettant surtout aux enfants de se mouvoir et de s'exprimer librement, on obtient un harmonieux développement intérieur qui se traduit au dehors dans le bon ordre observé par les enfants, dans leur joie au travail, dans l'intérêt manifeste qu'ils prennent aux choses elles-mêmes. Le problème de la première éducation est donc le suivant : « Comment arriver à l'harmonieux développement intérieur des petits enfants ? » La solution proposée se trouve dans le système d'organisation du Jardin d'enfants, dans la méthode Frœbel bien comprise[1].

Frœbel compare son école à un jardin dans lequel on cultive des plantes et des fleurs de toute sorte. Le jardinier ne réussit qu'à la condition

1. Nous ne faisons qu'effleurer ici ce qui constitue l'esprit des Jardins d'Enfants et nous n'y reviendrons pas dans la suite. Tout ce qui touche à cette question et aux problèmes généraux de l'éducation des petits enfants est traité dans le livre de M. Félix Klein : *Mon filleul au Jardin d'Enfants*, Paris, Librairie Armand Colin, 1912.

d'avoir étudié, observé la nature de chacune de ses plantes. Qui souhaite de faire porter du fruit aux délicates plantes humaines, n'est pas moins obligé de connaître la nature de chacune d'elles et ses conditions de prospérité. Il faut aider, guider et soutenir l'enfant, sans forcer son développement en serre chaude, sans exiger de fruits prématurés; bref, il faut le préparer à atteindre graduellement sa maturité.

L'endroit le plus favorable à l'éducation première de l'enfant est sans contredit la maison paternelle, et la meilleure éducatrice n'est autre que la mère, du moins lorsque la famille est organisée d'une façon normale. Frœbel, en créant son Jardin d'enfants, se rappelait sa propre enfance qui avait été malheureuse. Il songeait aux orphelins, aux enfants dont les parents sont absorbés par le travail journalier et même à l'enfant unique, isolé en quelque sorte parmi les grandes personnes. Comment leur rendre à tous le paradis de la famille? Comment introduire, dans l'école, l'atmosphère familiale seule favorable à leur développement intégral? Il se mit à observer l'enfant dans sa famille, dans ses rapports avec sa mère, et il vit la part active qu'il prenait aux travaux de la maison et l'intérêt qu'il apportait à tout ce qui se passait autour de lui. Il le vit suivant sa mère dans de longues courses, trottant sur les talons de son père à l'atelier, aidant partout dans la mesure de ses forces, imitant ensuite dans ses jeux tout ce qui l'avait frappé, traduisant ainsi le résultat de ses multiples observations : tantôt il se fait une voiture d'un tabouret, tantôt il donne à un bout de chiffon, de papier ou de bois les destinations les plus variées.

Voilà, se dit Frœbel, voilà tout indiqués et le mode d'éducation et le matériel qu'il convient d'adopter. Ses observations, prises sur le vif, donnèrent lieu à la composition de ses aimables « Causeries de la Mère ». L'esprit inventif de l'enfant lui suggéra la création du matériel aujourd'hui connu sous le nom de « Dons Frœbel ».

La méthode Frœbel est une méthode intuitive. Elle conduit l'enfant tout d'abord vers les choses à connaître; elle le met en contact avec les objets pour l'aider à s'en former des idées justes et à donner un sens plein et précis aux mots qui les désignent. Par le maniement comme par la vue des objets, l'enfant ordonne les sensations multiples qui l'envahissent et prend de plus en plus possession du monde sensible au milieu duquel il grandit.

Cependant la méthode Frœbel ne consiste pas

simplement à employer les leçons de choses en usage depuis longtemps dans les écoles enfantines. Pour utiles qu'elles soient, ces leçons de choses dispersent l'attention de l'enfant, un peu au hasard, sur une quantité d'objets qui n'ont pas de lien entre eux. Au Jardin d'enfants, la méthode Frœbel propose à l'étude et à l'observation prolongée de l'enfant des objets soigneusement choisis parmi ceux qui offrent la plus grande variété d'aspects et autour desquels viennent se grouper et s'ordonner une quantité considérable de notions, d'images visuelles et auditives, d'expériences personnelles, d'observations, d'exercices manuels. Le blé, par exemple, dont nous nous occuperons plus loin, peut être semé par les enfants dans le jardin, observé dans sa croissance, décrit et reproduit par le crayon ou le pinceau, récolté au temps de la moisson, suivi dans ses emplois divers et dans ses transformations sur l'aire de la grange, au moulin, au pétrin, au four, dans la huche à pain..... On donne le nom d'*idées centrales* aux sujets d'enseignement qui se prêtent ainsi à captiver et à retenir l'attention des enfants en introduisant l'unité organique entre leurs diverses connaissances, en même temps que la variété dans leurs études.

Le choix, l'heureux emploi de l'idée centrale

est le moyen principal dont se sert la méthode Frœbel pour donner à l'œuvre entière de l'éducation enfantine la vie qui manque trop souvent aux exercices scolaires. Lorsque nous aurons bien compris la nature de l'idée centrale, nous constaterons sans peine combien, entre les mains d'un maître attentif et expérimenté, elle contribue au développement physique, intellectuel et moral des enfants. Ceux-ci apprennent à voir, à sentir et à vivre par eux-mêmes. Ils apprennent à se rendre compte de ce qui se passe autour d'eux, de ce qu'est la vie, de l'emploi qu'on en peut faire. Ils acquièrent des qualités d'esprit, une puissance d'attention et d'invention supérieures. Au sortir du jardin où il a été cultivé de la sorte, l'enfant ne sait ni lire ni écrire; il sait mieux que cela, ayant appris à se servir de ses sens : il est préparé à la lecture et à l'écriture. Mettez-lui une plume, un livre entre les mains, il rattrapera sans peine ses petits camarades, et il les devancera bientôt, ayant sur eux l'avantage d'une formation première inappréciable.

L'idée centrale, nous le voyons, nous met en rapport avec les hommes, les animaux et les choses. Rien de figé dans l'enseignement qui en découle. Aucun mécanisme qui doive s'imposer, toujours le même, au développement d'une idée centrale. Aucune uniformité quant à la durée. Chaque idée centrale a sa fécondité propre qui invite à y retenir les enfants plus ou moins longtemps, depuis huit jours jusqu'à plusieurs semaines. Chacune d'elles suggère des moyens particuliers de développement. Aussi l'enseignement théorique de la méthode se réduit-il à peu de chose. Il importe surtout de l'avoir vu pratiquer, de la pratiquer soi-même pour en saisir le fond. L'esprit en reste bien toujours le même; mais l'application peut et doit varier à l'infini, suivant de près les progrès et les transformations de la vie. Voulons-nous être de véritables institutrices, apprenons nous-mêmes à vivre pleinement, entièrement, avec toute notre âme, afin d'arriver à pénétrer et à toucher l'âme des petits. Soyons des guides pour eux, de fins psychologues si c'est possible; tâchons de les aider dans leurs recherches, dans leurs découvertes, dans leurs observations, mais n'intervenons que rarement de façon directe et ne régnons pas en maîtres au milieu d'eux. Soyons les grandes amies de tout ce petit monde.

Il importe de nous garder d'une erreur commune à beaucoup de personnes, d'ailleurs gagnées à la méthode Frœbel et qui s'imaginent qu'elles la connaîtront bien au moyen de livres. Pestalozzi a dit : « Ce n'est ni l'art ni le livre, mais la vie même qui est le fondement de toute éducation ». Nous voudrions que l'on comprît bien ces paroles en lisant ce manuel. Il ne faudrait pas croire qu'en le suivant textuellement on réalisera un vrai Jardin d'enfants. Nous n'avons pas la prétention de former automatiquement des « Jardinières d'enfants ». Notre livre ne peut que faciliter la tâche de celles qui, déjà imprégnées de la méthode, cherchent à se rappeler les principales applications qui en ont été heureusement faites. Aux autres, il montrera quel but on poursuit au Jardin d'enfants et pourra suggérer le désir de s'initier complètement à la méthode qui y est pratiquée.

Dans les chapitres qui suivent, nous donnons tout au long un spécimen d'idée centrale avec une esquisse des développements désirables ; puis une liste d'idées centrales variées, avec les sommaires de causeries à entreprendre sur chacune d'elles. Vient ensuite le plan d'une semaine de travail au Jardin d'enfants. Enfin nous procédons à des applications particulières de principes puisés chez Pestalozzi et chez Frœbel et dont l'expérience nous a permis de constater les heureux effets sur les enfants. Ces applications, que nous avions entreprises un peu à tâtons, portent sur des matières variées, intéressant à la fois l'éducation et l'instruction positive des enfants : sur la géométrie, la géographie, l'histoire naturelle, le calcul et l'écriture. Elles peuvent servir excellemment pour la préparation immédiate des enfants à l'école primaire.

---

## II

# UN EXEMPLE D'IDÉE CENTRALE : LE BLÉ

### *Généralités sur l'idée centrale.*

**Ordre à suivre dans le choix de l'idée centrale. —** Les idées centrales se succèdent dans l'enseignement au jardin d'enfants, mais non au hasard et suivant une inspiration qui tiendrait du caprice. Les sujets doivent être variés, pris alternativement dans l'un des règnes animal, végétal, minéral, et parmi les objets usuels qui nous entourent.

**Moyens de développement d'une idée centrale. —** Une idée centrale est, par définition, une idée assez riche pour se prêter à des opérations variées. On l'a vu dans le chapitre précédent. Nous allons énumérer les divers exercices auxquels peut donner lieu le développement d'une idée centrale.

Observons seulement que dans l'enseignement on entremêle ces divers moyens de développement :

I. — Mener d'abord les enfants à l'endroit même où se trouve généralement et naturellement l'objet dont on veut s'occuper.

II. — Observer les conditions dans lesquelles il se trouve, son entourage, ses relations avec les hommes, les animaux ou les choses.

III. — Étudier les services que cet objet rend, et ceux qu'on lui rend en retour ; les transformations qu'il subit avant qu'on en fasse usage.

IV. — Le comparer avec d'autres objets.

V. — L'étudier à l'aide de travaux pratiques.

VI. — Le montrer sous des formes artistiques : tableaux, poésies, chansons ; le faire intervenir dans les histoires racontées ; le représenter par l'aquarelle ou le dessin.

Appliquons ces moyens de développement à l'idée centrale du blé ; ils fourniront la matière des *causeries* que nous avons faites nous-même, pendant un mois d'août, à des enfants habitant la campagne.

Les leçons se rapportant à l'idée centrale prennent le nom de « Causeries ». Il s'agit, en effet, d'une véritable causerie instructive entre la maîtresse et les élèves.

## *IDÉE CENTRALE POUR LE MOIS D'AOÛT : LE BLÉ*

### Quatorze causeries.

I. — Promenade dans les champs de blé.

II. — « Le clavier des doigts » (Causeries de la mère, par Frœbel).

III. — La récolte.

IV. — Récolte de notre petit champ de blé.

V. — Le battage du blé.

VI. — Petit récit : « Tout ce blé là ».

VII. — Visite au moulin.

VIII. — Causerie et construction d'un moulin.

IX. — Chanson : « Le grain de blé ».

X. — Visite au boulanger.

XI. — « Le gâteau » (Causeries de la mère, par Frœbel).

XII. — La paille et le son : leur utilité.

XIII. — Histoire : « Le grain de blé et l'épi ».

XIV. — Tableau de Millet : « Les Glaneuses ».

*Note.* — Avec les grands, on peut ajouter une causerie sur la manière dont s'y prenaient nos ancêtres pour battre le blé, moudre la farine et cuire le pain.

### *Travaux qui ont préparé l'idée centrale du blé.*

Les enfants ont semé en automne du blé dans un petit coin de terre. Au printemps nous avons mis aussi un peu de blé avec d'autres graines sur de la mousse humide. Nous avons vu les semences se gonfler, puis germer ; la racine et la jeune pousse se sont développées simultanément. Nous avons observé la croissance du blé dans notre carré de terrain, et en nous promenant à travers les champs nous avons pu contempler les grandes étendues où il verdoyait.

## PREMIÈRE CAUSERIE.

### *Promenade dans les champs de blé.*

Nous tâchons de visiter un champ de blé qui se trouve assez près de l'école afin que *tous* les enfants puissent nous accompagner. Nous remarquons la couleur qu'a prise le blé; de vert il est devenu doré; il ne se tient plus si raide, il est tout penché vers la terre. — Pourquoi? — Lorsqu'il était encore droit nous avons pu mesurer sa taille; il était aussi grand que certains de nos enfants. Nous cueillons quelques épis dorés pour les emporter chez nous et les comparer aux épis que nous avons semés.

Mais quelle joie pour les enfants de voir toutes les fleurs qui poussent au bord et à l'intérieur des champs de blé. C'est d'abord le bleuet et le coquelicot qui frappent nos regards par leurs vives couleurs. Puis voici un gracieux liseron qui s'enroule autour d'un épi; plus loin la tige droite de la nielle semble vouloir se mesurer avec l'épi.

Un bouquet de ces fleurs diverses nous rappellera toujours le champ de blé aux épis dorés. En rentrant, nous mettons soigneusement épis et fleurs dans un vase.

*Travail manuel.* — Se rapporte à la causerie.
*Les grands :* Aquarelle, un épi.
*Les petits :* Coloriage, un coquelicot.

## DEUXIÈME CAUSERIE.

### *Le clavier des doigts.*

*(Frœbel : Causeries de la mère*[1]*.)*

En l'absence des enfants, placer la gravure sur un chevalet ; mettre le chevalet dans un endroit bien clair de la chambre ; disposer toutes les petites chaises devant, de manière qu'on voie bien le tableau de chaque place. Orner l'image et le chevalet de fleurs et de plantes ayant rapport avec le sujet. Faire entrer ensuite les enfants en silence,

1. Nous donnons ici un modèle d'explication de la gravure du texte allemand de Frœbel et un dessin fait d'après cette gravure. Mais il est évident que toute gravure se rapportant au sujet pourra également être utilisée.

Sur les difficultés d'emploi des *Causeries de la mère*, voir en outre nos explications page 60.

faire prolonger ce silence jusqu'à ce que tous les enfants soient bien placés, puis les laisser parler.

Cette gravure nous rappelle notre promenade à travers les champs de blé. Comme ces deux enfants, nous nous sommes assis sur le bord du champ et nous avons écouté. Qu'avons-nous entendu tout là-haut dans les airs? — La chanson de l'alouette. On ne voyait pas l'oiseau, mais on l'entendait et, avec lui, mille autres voix de la nature. Ceux qui savaient écouter entendaient bien toute cette musique. Le blé chantait en se courbant sous la brise, et, dans le blé, le grillon faisait un accompagnement de sa façon ; l'abeille de son côté bourdonnait en butinant ; tout avait l'air de chanter. Et toute la gamme de couleurs vives, bleu, rouge vif, jaune d'or, ne formait-elle pas une musique pour nos yeux? Le musicien à son piano entend et ressent bien toute cette harmonie de la nature ; il promène ses doigts sur le clavier et tâche de reproduire en une belle mélodie tout ce qu'il a entendu et ressenti en cette radieuse journée d'été.

Pour finir la leçon, on peut jouer aux enfants le morceau de musique de Schumann : « Le joyeux laboureur ».

## Troisième causerie.

### *La récolte.*

Tableau Lecoultre.

La Moisson (Été).
(Réduction en noir d'un tableau de la collection : *Pour les Tout-Petits*)[1].

Promenade dans les champs de blé.

Nous allons voir faucher et lier le blé en gerbes. En nous promenant nous voyons un champ très étendu dans lequel on fauche avec des machines tirées par des chevaux. Cela va très vite et la

1. Voir l'annonce sur la couverture du présent ouvrage.

grande roue en bois pose soigneusement les épis en tas ; on n'a plus qu'à les rassembler et les lier. Plus loin se trouve un champ, plus petit ; on y fauche le blé avec la faux ; des femmes suivent les moissonneurs, elles ramassent le blé et le lient en gerbes. Dans un autre champ, on est déjà en train de charger les gerbes sur des voitures. Nous suivons une de ces voitures dans le village, et nous la voyons entrer dans la grange. Que va-t-on faire des gerbes de blé ? Nous saurons cela dans quelques jours.

*Travaux manuels.* — Des faux, une voiture et un cheval.

Tout en travaillant, nous chantons le premier couplet de la chanson « Le grain de blé » que nous reproduisons page 26, à la neuvième causerie.

## Quatrième causerie.

### *Récolte de notre petit champ de blé.*

Nous allons voir notre petit carré de blé ; il doit être temps de le couper. Les épis sont bien mûrs, bien dorés. Les plus chargés de grains penchent bien bas leur tête comme nous quand nous portons nos arrosoirs remplis d'eau. Les chevaux, en tirant les voitures chargées de blé, baissaient aussi la tête. Nous n'avons pas de faux, mais chaque enfant pourra couper quelques épis avec des ciseaux et notre blé sera récolté. Nous lions nos épis en une belle petite gerbe, la chargeons sur notre voiturette et la menons à l'école. Chaque enfant choisit auparavant un bel épi bien lourd pour le dessiner dans son cahier. Un enfant dessine un épi sur notre *calendrier*. Cela nous rappellera un jour la récolte de notre blé. — Expliquons ici, pour ne plus y revenir, ce qu'est le calendrier. Une feuille de papier est divisée en autant de petites cases qu'il y a de jours dans le mois, un enfant désigné chaque jour à cet effet y dessine ou peint un sujet rappelant le fait le plus important de la journée. Il y a là une application attrayante pour les enfants des notions de dessin et d'aquarelle qui leur sont données. C'est un honneur très envié que d'être désigné pour enrichir le calendrier. Chaque enfant peut le briguer et l'obtenir. On lui suggèrera, de façon aussi heureuse que possible, le motif à dessiner ou à peindre.

## Cinquième causerie.

### *Le battage du blé.*

Dès le matin, nous entendons un bruit singulier du côté du village. « On dirait une auto » dit un enfant : « ou un aéroplane » dit un autre. Mais nous apprenons par nos petits camarades venant du village que ce n'est ni l'un ni l'autre, On bat le blé chez Louis. La machine qu'on entend ronfler, c'est la grande batteuse. Louis nous invite à aller la voir et il nous conduit tout fier. En approchant nous voyons tourner des roues. Tout alentour un petit peuple de volailles s'empresse à picorer les grains qui se perdent. Ce sont des poules, des canards, des pigeons, et aussi l'effronté petit moineau qui a sa part de tous les festins de la ferme. — Qui actionne la batteuse ? C'est un cheval auquel on a bandé les yeux ; il marche en rond, il tourne sur place. Pourquoi lui a-t-on bandé les yeux ? — On déverse l'une après l'autre les gerbes dans la machine : il faut être bien adroit pour ne pas se faire prendre les mains. Les grains tombent directement dans un sac. Et l'enveloppe du grain, où va-t-elle ? — Louis nous montre encore la grange, les étables, et nous retournons à l'école après avoir jeté un dernier coup d'œil sur la batteuse.

*Travail manuel.* — Dessin libre : la batteuse.

## Sixième causerie.

### *Petit récit : « Tout ce blé là ».*

### *Tout ce blé là.*

1

J'ai, l'autre jour, dans la poussière,
Après goûter, jeté mon pain.
Voyant cela, mon vieux grand-père
A paru tout triste et chagrin.

2

« Ah ! si tu savais que de peine
Et combien de grains il fallut
Semer, puis cueillir dans la plaine,
Pour ce morceau mis au rebut ! »

3

Et puis, s'acheminant vers l'aire
Où frappe grand train le fléau :
« Viens, mon enfant, dit mon grand-père,
Pour un pain, viens voir ce qu'il faut ».

4

Nous voilà sur l'aire bruyante,
Le vieillard puise à pleines mains
Et, de sa voix très grave et lente,
Il se met à compter les grains.

5

Une d'abord, puis deux centaines....
Et toujours il puise au blé d'or.
— « Pour un pain faut-il tant de graines ? »
Mais le grand-père compte encor !

6

Mille après mille se répète.
Jusqu'où comptera grand-papa ?
Dix mille.... vingt mille.... il s'arrête,
Disant : « Il faut tout ce blé là ! »

M^lle H.-S. Brès.
*Vers et prose pour les petits.* (F. Nathan, édit.)

Lire le récit aux enfants. Causerie libre sur ce qui vient d'être lu. Explication des mots « aire », « fléau ». Raconter comment on battait et comment on bat encore le blé dans certaines contrées. — Apprendre les deux premières strophes en les relisant plusieurs fois. On apprendra le reste dans la leçon de récitation.

## Septième causerie.

### *Visite au moulin.*

Nous avons vu chez Louis les grains de blé qui

remplissent de grands sacs. Peut-être Louis saura-t-il nous dire où on les a mis, ce qu'on en a fait. — Ce matin une lourde voiture a passé, toute chargée de sacs qu'elle conduisait au moulin. Nous aussi, nous allons aujourd'hui au moulin pour voir ce qu'on y fait.

En approchant du moulin, nous entendons un bruit de tic tac ; la cour est encombrée de voitures que l'on est en traindc charger ou de décharger.

Voici le meunier sous sa porte. Il apparaît tout blanc ; ses aides le sont également. Nous passons sur un pont, le moulin est construit sur la rivière ; nous verrons tout à l'heure pourquoi. — Voici la grande roue. Elle tourne, elle tourne. Qu'est-ce qui la fait tourner ? C'est l'eau en se précipitant dessus. Quel bruit ! il faut crier pour s'entendre parler.

Le meunier nous permet d'entrer dans le moulin et de le visiter avec lui. Il ouvre des espèces de trappes d'où s'échappent des farines de finesse différente et du son, que l'on retire des grains moulus. Tout est blanc, le plancher, les murs, nous-mêmes commençons à être couverts de cette fine poussière. Nous voyons les sacs se remplir au fur et à mesure, les uns de farine les autres de son ; « ceci est du fleurage, nous dit le meunier, c'est pour engraisser les porcs ». Tous ces différents produits étaient renfermés dans les grains de blé. Que de richesses sous ce petit volume! Nous visitons aussi la partie du moulin où se trouve la machine à vapeur. « Il arrive, nous dit le meunier, qu'il y a trop d'eau ou pas assez, c'est la machine à vapeur qui entre alors en fonction. »

En sortant, nous regardons s'éloigner une voiture où sont entassés des sacs de farine et déjà l'on est en train d'en charger une autre. Ici les volailles et les moineaux sont toujours en fête, ils trouvent toujours de quoi picorer. Tout en haut du toit, nous voyons le monte-charge, et, suspendu au crochet, un sac de farine que l'on fait adroitement descendre sur une voiture. Les garçons meuniers transportent les sacs remplis de farine. « Vite dit le meunier, le boulanger a grand besoin de cette farine pour faire le pain. » — Nous demandons encore à acheter un peu de farine. « Ici nous ne la vendons que par sacs, nous dit le meunier, mais je vous en donnerai volontiers deux kilos, avec un peu de son, si vous voulez. »

Nous retournons chez nous joyeux d'avoir vu tant de choses intéressantes et faisons, tout en cheminant, mille projets pour l'emploi de notre son et de notre farine.

## HUITIÈME CAUSERIE.

### *Sur la visite au moulin.*

Construction d'un moulin. Travail collectif.

C'est avec plaisir que nous nous rappelons notre visite au moulin. Chaque enfant raconte ce dont il se souvient.

Nous pourrions essayer de reproduire tout le moulin avec sa grande roue, ses sacs de farine, la balance pour peser les sacs, etc. La proposition est acceptée avec joie et chaque enfant participe au travail. Les plus grands scient les planchettes, les petits font en fil tiré le meunier et ses aides ; une petite fille coud des sacs, et tout en travaillant nous précisons certains détails, nous éclaircissons certains faits. Nous construisons le tout sur une grande planche en bois ; nous y disposons peu à peu tout ce qui entourait le moulin et en faisait partie : la ferme, la rivière, le pont, et un peu plus loin un petit champ de blé, sans oublier l'âne qui porte sur son dos un sac de farine et que nous avons vu sortir du moulin guidé par un petit garçon. La roue de notre moulin tourne et nous chantons : « Meunier tu dors, ton moulin va trop vite », etc.

Le travail a bien entendu été préparé d'avance, de façon qu'il puisse être fini en une matinée.

## NEUVIÈME CAUSERIE.

### Chanson : « Le grain de blé. »

2

« Et lorsqu'en mesure,
Dit le grain de blé
« Le fléau murmure } (bis)
« On est pourchassé. }

3

Et quand vient la meule,
Dit le grain de blé,
« Marchant toute seule, } (bis)
« On est écrasé ! }

4

« On devient farine,
Dit le grain de blé,
« Farine bien fine, } (bis)
« Et l'on est mangé ! }

5

« Mais quand sur la terre
Dit le grain de blé,
« On meurt solitaire } (bis)
« Lors on est sauvé ! }

6

On redevient plante,
Dit le grain de blé,
« Et l'on est contente } (bis).
« Jusqu'à l'autre été. }

Mlles S. Brès et L. Collin.
(*27 Chants pour les Enfants accompagnés de récits*. Hachette et Cie.).

Les quatre premiers couplets, chants et jeux.

Nous connaissons déjà le premier couplet : « Quand vient la faucille, dit le grain de blé. » Au second couplet, le fléau vient battre les épis. Nous imitons les coups du fléau en tapant du pied en mesure. Quatre enfants se mettent au milieu de la ronde et tapent du pied pour imiter le fléau tout en faisant le mouvement de battre avec leurs bras. Une, deux, trois, quatre... tandis que les autres enfants chantent : « Le fléau murmure, on est pourchassé. » — Au troisième couplet, les enfants tournent leurs poings fermés l'un contre l'autre représentant ainsi les meules qui écrasent le grain. — Au quatrième couplet, ils font le geste de passer la farine entre leurs doigts.

## Dixième causerie.

### *Visite au boulanger.*

Avec la farine qui nous a été donnée au moulin, on a fait un gâteau que nous portons chez le boulanger, lequel nous a fait dire l'heure à laquelle nous pouvions venir pour voir enfourner le pain.

Dès l'entrée, nous sentons une bonne odeur de pain frais. On nous fait traverser la boutique pour entrer dans la chambre à four. Le garçon boulanger armé d'un racloir à long manche est en train d'enlever les derniers charbons du four ; vite, il passe encore un linge humide ; le four est maintenant prêt à recevoir le pain. — Comme il fait chaud dès qu'on approche ! Le garçon boulanger prend un tison enflammé et le passe dans le four pour l'éclairer. Les enfants sont un peu déçus à la vue de ce four qu'ils imaginaient si grand, si grand que l'on pourrait y cuire un bœuf. Les pains sont tout prêts dans les pannetons ; le garçon en prend un qu'il saupoudre de farine et le tend au boulanger. Celui-ci, armé d'une pelle ronde en bois, qu'il saupoudre également de farine, renverse le pain dessus. Mais quel manche, quel manche immense il y a au bout de la pelle. Pourquoi est-il si long ? Nous n'avons pas le temps de poser la question que nous voyons la pelle s'enfiler avec le pain dans le four jusqu'au fond ; on ne voit plus qu'un petit bout du manche. Le boulanger donne un coup sec, retire la pelle vide, on ne voit plus le pain. Il est resté bien loin tout au fond. « Ah ! oui, reconnaissent les enfants, le four n'est pas bien haut, mais il est profond et large. » Et voilà une belle notion acquise ; nous réalisons à présent ce que veulent dire les mots « large » et « profond ». Le boulanger continue à enfourner vivement miche sur miche, couronne sur couronne. Comme il en entre beaucoup ! Tout à la fin, il met les petits pains au lait, puis notre gâteau, et clac, on ferme la porte du four. Silence profond parmi les enfants : on veut entendre cuire le pain. On entend cri-cri. Est-ce une souris? Non, c'est le pain. « Mais non, ce sont les grillons », dit le petit du boulanger, qui connaît tout mieux que nous. Il nous montre les pétrins dans lesquels on voit de la pâte toute prête à être mise dans les formes. Nous voudrions bien attendre que le pain soit cuit pour le voir sortir du four tout doré ; mais il est temps de s'en aller, onze heures sonnent. Nous remercions le boulanger et, en passant dans la boulangerie, nous achetons une miche de ce pain bien frais aligné sur les rayons, et nous partons tout joyeux de ce que nous venons de voir.

*Travail d'application.* — Nous construisons le four avec tous ses accessoires.

## Onzième causerie.

### *Le gâteau.*

*(Frœbel. Causeries de la mère[1].)*

Les enfants sont entrés en silence dans la salle. Chacun occupe sa place devant la gravure. Ils

1. Autre exemple d'explication de gravure de Frœbel. Voir la note 1, page 15.

sont allés l'avant-veille chez le boulanger et c'est une joie pour eux de retrouver sur cette image tout ce qu'ils ont vu faire et ce qu'ils ont fait eux-mêmes.

Le boulanger est là dans le fond, il regarde entrer une voisine qui lui apporte un gâteau à cuire ; il a l'air fâché et lui dit sûrement : « Vous arrivez en retard, Madame, le pain est dans le four, il faut attendre que je fasse la seconde fournée. » Deux grands gâteaux sont déjà prêts, là sur la table. Le garçon est juste en train de finir de pétrir la pâte : comme il est penché sur le pétrin ! Vous vous rappelez la force qu'il doit déployer pour pétrir et le bruit que cela fait. — Et là, tous ces pains, des longs et des courts, ils sont prêts pour la cuisson. — Et la grande pelle en bois, à quoi sert-elle ? — Et les formes, là sur le four. — Voilà la porte du grand four ; elle est petite afin qu'il ne s'échappe pas trop de chaleur quand on l'ouvre. — Au fond nous voyons alignées sur la planche des miches de pain déjà cuites. La boulangère a fini de les ranger ; elle a maintenant son bébé sur les genoux, elle lui prend les deux petites mains et les frappe l'une contre l'autre : « Clac, clac, dit-elle ; faisons claquer nos mains comme le boulanger fait claquer la pâte. »

Et là-haut, voilà une maman qui roule la pâte

de son gâteau ; ses petits enfants, à côté d'elle, font aussi des gâteaux, de tout petits gâteaux.

Tout ce pain, tous ces gâteaux, avec quoi les fait-on ? Nous le savons, nous qui avons suivi toutes les transformations du grain de blé. Nous nous reportons en arrière, nous voyons le laboureur, le moissonneur, le meunier, etc. ; nous cherchons à faire saisir à l'enfant cet harmonieux enchaînement des choses. Du gâteau qu'il a mangé, jusqu'au grain de blé jeté dans la terre, il voit tous les intermédiaires dont il ne saurait se passer.

Il comprend aussi la noblesse de chaque métier, si caché et si modeste qu'il soit.

## Douzième causerie.

### *La paille et le son, leur utilité.*

Le meunier nous avait donné un peu de son, en nous disant qu'il servait à engraisser les porcs. On en donne aussi aux vaches, aux ânes, mais nous n'avons qu'une très petite quantité de son. Qu'allons-nous en faire ? Quelques enfants ont fini de broder leur petit carré aux points de croix ; on pourrait utiliser ces carrés et en faire des pelotes à épingles pour les mamans en bourrant les pelotes de son. L'idée paraît excellente ; mais les tout petits et ceux qui n'ont pas fini leur broderie voudraient aussi faire un petit travail.

Cherchons à employer la paille de notre botte d'épis ! Seulement les grains de blé sont encore tous attachés à la tige. Comme nous voudrions bien les garder pour en donner plus tard aux poules et pour nourrir pendant l'hiver les pauvres petits oiseaux quand ils ne trouveront plus rien au dehors, nous allons détacher les grains de plusieurs épis, les mettre dans une boîte et avec la paille nous fabriquerons de petits cadres. Voici quelques images et des cartes postales que nous pourrons encadrer. Nous choisissons quelques jolis sujets de la vie des champs, et, tandis que les uns cousent des sacs et les remplissent de son, les autres coupent et lient la paille pour faire les cadres.

Tout en travaillant nous apprenons que chez Louis on a conservé la paille du blé. C'est pour faire de la litière aux vaches et aux chevaux. Que fait-on encore avec la paille? Regardons un peu autour de nous. On rempaille des chaises ; on fait des chapeaux de paille, mais avec de la paille tout fine; on fait aussi des paillassons pour le jardin, etc.

TREIZIÈME CAUSERIE.

## *Histoire du Grain de Blé et de l'Épi.*

Nous proposons ce récit comme un spécimen de ceux que les Jardinières peuvent élaborer elles-mêmes à propos des idées centrales qu'elles ont à présenter. Il y a seulement lieu de remarquer que notre récit vient après les causeries de l'idée centrale qui ont familiarisé l'enfant avec le développement du grain de blé. Ce n'est qu'à cette condition qu'il peut leur offrir un vif intérêt. On pourra aussi reprendre quelques couplets de la chanson précédente.

### *Le Grain de Blé et l'Épi.*

C'était au temps de la moisson. Tout le monde, grands et petits, était dans les champs au travail. De tous les côtés on voyait des faucheuses, des voitures qu'on était en train de charger, des femmes qui liaient les gerbes, des enfants qui glanaient. Tout près d'un beau champ de blé à moitié fauché, il y avait un champ en friche et, dans le champ voisin du champ de blé, il y avait comme une petite montagne de terre; elle n'avait pas été faite par une taupe, mais elle ressemblait bien à une taupinière; seulement elle était plus grande et quand on approchait et qu'on la regardait de près elle paraissait vivante; il y avait des centaines, des milliers de petites bêtes noires qui couraient de-ci de-là, et tout autour on les voyait aller et venir d'un air affairé. Elles étaient vraiment actives ces petites bêtes, elles travaillaient tout comme les hommes à côté sur le champ de blé; elles faisaient le même travail qu'eux. Il y avait un petit chemin tracé qui allait de la fourmilière, car c'était une vraie fourmilière, au champ de blé, et sur ce chemin on voyait des fourmis marchant en deux colonnes, les unes allaient vers le champ, les autres revenaient. Et devinez ce que portaient celles qui s'en revenaient? — C'était des grains de blé. Et où les portaient-elles ? — Dans leur fourmilière, dans leurs greniers, dans leurs granges. Elles faisaient aussi leur récolte. Elles faisaient leur provision d'hiver tout comme les hommes.

Mais si nous avions pu pénétrer avec elles dans leurs greniers, nous aurions vu quelque chose de bien curieux. Chacune d'elles, avant de déposer son grain à côté des autres, en mordait un petit bout et ce petit bout c'était celui dans lequel se trouvait le germe. Pourquoi faisaient-elles cela ? — Pour tuer le germe. Oui, quand le germe est enlevé, le grain de blé est mort, tout à fait mort ; il ne peut plus se réveiller ni pousser. — Une toute petite fourmi était juste en train de porter un immense grain de blé plus grand et plus gros qu'elle. Deux fois déjà elle avait culbuté avec son fardeau mais toujours elle se relevait sans perdre courage et reprenait sa route. Enfin la voilà arrivée sur la fourmilière, elle allait y entrer lorsque tout d'un coup il y eut un roulement sourd, des coups de tonnerre : un tremblement de terre, se dit-elle. Au même instant, toute la fourmilière, fourmis, provisions, œufs, se trouva soulevée, culbutée, jetée de tout côté, et notre petite fourmi alla tomber dans un coin tandis que son lourd fardeau, son grain de blé, tombait dans un autre. D'où venait tout ce bruit qui se prolongeait en s'éloignant ? Il était produit par une charrue tirée par deux gros bœufs et conduite par un petit garçon. D'un seul coup la charrue avait détruit toute la fourmilière et lancé le grain de blé au fond d'un grand sillon. Le pauvre grain de blé était là tout seul et pensait : si seulement la petite fourmi revenait me chercher ! j'aimerais encore mieux être mordu par elle que de rester là tout seul loin de tous mes camarades. Mais la fourmi ne revint pas ; elle s'était sauvée bien loin, bien loin, et lorsque les bœufs avec la charrue revinrent du côté du grain de blé un des bœufs en marchant posa son lourd sabot dessus et l'enfonça dans la terre. Le voilà maintenant tout serré dans le noir, et il se sent si malheureux, si abandonné qu'il pense mourir et s'endort.

Il dormit longtemps, longtemps, durant des jours et des nuits, sans savoir ce qui se passait sur la terre. Heureusement pour lui il n'était plus sur la terre, car l'hiver était venu : il faisait très froid, il gelait, et sûrement le grain de blé serait mort si le bœuf ne l'avait pas enfoncé si profondément dans la terre. Endormi dans le sillon, le grain de blé n'avait pas vu non plus ce qui c'était passé avant l'hiver. Il n'avait pas vu qu'après la charrue un homme avait passé, prenant des grains de blé en quantité dans un sac qui était attaché à son épaule et les jetant à pleines poignées sur la terre ; puis la herse avait repassé par là, avait enterré ces grains juste au-dessus de lui. N'ayant pas vu tout cela, il se croyait tout seul, en était tout triste, et il dormait toujours.

Mais voilà qu'un beau jour il se réveille, un tout petit peu d'abord, et se dit : « Je me sens tout remué, je me sens des forces, je ne pense plus à mourir ; au contraire, je voudrais vivre.

Mais comment faire sous cette vilaine terre qui m'écrase ? » Et tout d'un coup il crut entendre quelqu'un qui lui dit tout bas, tout bas : « Oui, tu as des forces. Quelqu'un t'en as données pendant que tu dormais et te désolais. C'est à toi d'user maintenant de ces forces, c'est à toi de travailler et de sortir de ce trou ». Le grain de blé allait dire : « Mais comment dois-je faire », lorsque tout d'un coup il sentit qu'il avait deux petits pieds. Vite il les enfonça dans la terre et commença à pousser avec sa petite tête la terre qui le recouvrait. « Cela va me faire mal, se disait-il, jamais je ne pourrai soulever toute cette terre ». Mais voilà qu'il sentit sur sa tête comme une petite pointe dure et élancée. Tout de suite il devina qu'avec cela il lui serait facile de percer la terre. Il fut tout honteux de s'être désolé, d'avoir désespéré sitôt, et il prit la résolution de ne plus jamais grogner, de ne plus se désoler d'avance, mais d'agir et de travailler toujours sans se plaindre. Cette résolution prise, il se sentit tout joyeux et commença gaîment son travail. Ses petites racines le nourrissaient, lui donnaient des forces et voilà qu'un beau jour en travaillant de toutes ses forces à repousser toujours la terre, il finit par se délivrer de tout ce poids ; il se sentait remuer librement au-dessus de la terre. Il put enlever le petit casque qui l'avait protégé et regarder tout autour de lui.

Quelle surprise ! à côté de lui et tout autour de lui, il y avait des petits camarades, semblables à lui ; seulement ils étaient déjà plus grands et plus forts, parce qu'ils n'avaient pas été enterrés aussi profondément que lui. « D'où viens-tu ? entendait-il dire de tout côté ; tu es en retard ; qu'as-tu fait ? » Et il leur raconta ses aventures. « Quels bavards ! dit tout à coup une alouette, on dirait que ces épis ne sont là que pour s'amuser. Dépêchez-vous de grandir, il faut que vous cachiez mon nid, et que vous protégiez ma femme lorsqu'elle sera en train de couver ses petits ». Les épis se mirent à pousser, à grandir, ils eurent des fleurs ; le vent vint doucement les caresser et les secouer et souffler sur la petite poussière fine et jaune que chacun avait amassée. C'est ainsi qu'ils se firent des visites et se donnèrent des cadeaux l'un à l'autre.

Notre petit épi était devenu bien beau, il avait une quantité de petites fleurs, il aimait tous ses petits voisins et ses camarades l'aimaient également. Chacun lui avait donné un ou deux petits grains de pollen.

Il les gardait soigneusement mais ne se doutait pas du grand cadeau qu'on lui avait fait. Un beau jour toutes ses fleurs avaient disparu mais à la place de ces fleurs il y avait maintenant des tous petits grains de blé comme lui-même en avait été un, autrefois. Comme ils sont beaux, se dit-il et avec ses racines il travailla plus que jamais, leur chercha de la nourriture, et les petits grains devinrent gros, toujours plus gros. Enfin par un beau jour d'été, un chaud rayon de soleil vint caresser le grand épi et lui dit bien doucement : « Tu as bien travaillé, tu as été courageux, confiant et fort, tu auras ta récompense. Vois-tu tous ces petits grains que tu as portés, tu vas les abandonner, ils sont maintenant assez mûrs pour travailler à leur tour et continuer le travail que tu as commencé. Tu vas mourir, mais tu revivras dans tes petits grains. » Et l'épi se laissa couper sans se plaindre et laissa prendre ses grains, content d'avoir fait son devoir, d'avoir bien amassé et bien travaillé.

## QUATORZIÈME CAUSERIE.

### *Tableau de Millet : Les Glaneuses.*

Cette scène est toute familière aux enfants. — On leur fera comprendre la beauté du tableau et on ajoutera quelques mots sur Millet et sur le Louvre.

— Les enfants, fiers d'avoir la reproduction d'un tableau qui est au Louvre, choisiront eux-mêmes l'endroit où ils veulent le voir fixé. On gardera ainsi un joli souvenir des leçons sur le blé.

F. MILLET

Les Glaneuses (Musée du Louvre.)

## III

## SOMMAIRES D'IDÉES CENTRALES

### *La poule et l'œuf.*

*Première causerie.* — Aller à la ferme observer les poules (dessin libre).

*Deuxième causerie.* — Raconter une histoire sur les poules.

*Troisième causerie.* — « L'appel aux poussins ». (Causerie de la mère, par Frœbel).

*Quatrième causerie.* — Chercher les œufs au poulailler. Observer les œufs, forme, couleur, etc. Modeler un œuf.

*Cinquième causerie.* — Aller voir couver une poule. Poésie de Jean Aicard sur *Le petit poulet.* On pourra montrer dans Hue, *Les premiers pas à l'école*[1], p. 210, les images présentant les transformations successives de l'œuf de poule.

1. Librairie Armand Colin.

*Sixième causerie.* — Construction d'un poulailler. Faire des nids avec des fils tirés.

*Septième causerie.* — Aller voir des poussins. Chanson et jeux : La poule.

### *La poule.*

1.

Devinez ma découverte,
Enfants ! là, chez nos voisins,
Devant la grange entr'ouverte
Une poule et ses poussins.

2.

J'en ai compté jusqu'à treize....
Suivez-moi tout doucement,
Et jouissons à notre aise
De ce spectacle charmant.

3.

Voyez ! la voilà dans l'herbe,
Qui marche seule, en avant,
La tête haute et superbe,
Tous ses petits la suivant.

4.

Heureux petits, tendre mère !...
Mais qu'aperçois-je soudain ?
Un point noir dans l'atmosphère
Plane au-dessus du jardin.

5.

C'est l'épervier dont la serre
Comme un cercle meurtrier
Se rapproche, se resserre....
Rentrez vite au poulailler.

Louis Tournier,
(Extrait de *Chants et Jeux*, recueillis
et arrangés par A. de Portugall.
Ch. Delagrave, édit.).

*Huitième causerie.* — Cuire des œufs durs, les ouvrir, observer l'intérieur. Employer les coquilles pour rincer des bouteilles.

*Neuvième causerie.* — Utiliser les plumes. Remplir des coussins avec le duvet. Faire des volants avec les grandes plumes,

*Dixième causerie.* — Gravure de la collection des Tableaux Lecoultre : La Ferme et la Basse-Cour.

Tableau Lecoultre.

LA FERME ET LA BASSE-COUR.
(Réduction en noir d'un tableau de la collection : *Pour les Tout-Petits* [1]).

## *La pendule.*

*Première causerie.* — Observer notre pendule, ses différentes parties, son tic tac. Son utilité (Dessin : notre pendule).

1. Voir l'annonce sur la couverture du présent ouvrage.

*Deuxième causerie.* — Chanson de l'horloge[1].

*Troisième causerie.* — Aller voir une horloge (à la mairie ou à l'église).

*Quatrième causerie.* — Découper un cadran et des aiguilles. Marquer les heures, adapter les aiguilles (Les enfants glissent à tour de rôle les aiguilles sur les heures et demi-heures de la journée pour apprendre à connaître peu à peu la pendule).

*Cinquième causerie.* — « Les enfants sur la tour » (jeu de doigts). (Causeries de la mère, par Frœbel).

*Sixième causerie.* — Voir une montre. Comparer la montre avec la pendule. Modeler une montre, faire la chaîne avec des perles.

*Septième causerie.* — Le sablier. Faire cuire un œuf à la coque.

*Huitième causerie.* — Le cadran solaire.

*Neuvième causerie.* — Histoire des heures, leur importance.

*Dixième causerie.* — « Tic, tac. » (Causeries de la mère, par Frœbel. L'image fournit l'occasion d'expliquer l'importance de l'emploi du temps).

1. Adèle de PORTUGALL, *Chants et Jeux*, p. 156.

## La lumière.

(*Après la fête de Noël.*)

Tableau Lecoultre.

LA VEILLÉE (Hiver).

*Première causerie.* — Histoire du petit sapin d'Andersen.

*Deuxième causerie.* — Fondre les bouts de bougies qui restent du sapin, en couler de neuves en y mêlant un peu de cire d'abeilles.

Tableau Lecoultre.

LES RUCHES.

*Troisième causerie.* — Nettoyer des bougeoirs. Causerie sur la lumière des bougies. Forme des bougies. Modeler de petits bougeoirs.

*Quatrième causerie.* — Ombres chinoises.

*Cinquième causerie.* — Les lampes. Différents éclairages. Lampes à gaz, à pétrole, à huile. Dessiner et colorier des abat-jour.

*Sixième causerie.* — « L'oiseau de lumière sur la muraille ». (Causerie de la mère, par Frœbel).

*Septième causerie.* — Lumière électrique. Les éclairs.

*Huitième causerie.* — Lanterne magique.

*Neuvième causerie.* — Lumière naturelle. Chanson : Monsieur Soleil.

***Monsieur Soleil.***

Le Soleil
ter-re?"Moi, dor-mir! en ai-je le temps? Depuis des
legato
mille et des mille ans Ainsi qu'u-ne lampe fi-
-dè-le Aux cieux je veille et j'étin-cel-le"

2.

*L'Enfant.*

« Ah! dites-moi, Monsieur Soleil,
Le soir, alors que j'ai sommeil,
Que regarde votre lumière ?
Eclairez-vous une autre terre ?

*Le Soleil.*

— Oui! quand pour toi descend la nuit,
Ailleurs je commence sans bruit
Un nouveau jour, et je réveille
Ailleurs l'enfant, la fleur, l'abeille. »

3.

*L'Enfant.*

« Ah! dites-moi, Monsieur Soleil,
Le soir, alors que j'ai sommeil,
J'ai bien peur que votre lumière
Reste une fois sur l'autre terre!

*Le Soleil.*

— Non! je la quitte et c'est son tour
D'avoir la nuit et toi le jour.
Ainsi toujours, lampe fidèle,
Pour quelque monde j'étincelle. »

*Il serait gentil de faire chanter chaque couplet par les enfants séparés en deux groupes à peu près égaux, se faisant les questions et les réponses.*

Mlles S. Brès et L. Collin :
(*66 Chants pour les enfants.* Hachette et Cie.)

*Dixième causerie.* — Histoire des petits rayons de soleil.

*Onzième causerie.* — Influence de la lumière sur les hommes, les animaux, les plantes.

*Douzième causerie.* — Causerie de la mère (Frœbel). La petite fenêtre.

## *Le raisin.*

**Travail préparatoire.** — Observer au printemps la taille de la vigne, les pleurs, la floraison, la forte odeur répandue dans les vignes durant l'été. La vendange.

Tableau Lecoultre.

LA VENDANGE.

*Première causerie.* — Promenade à travers la vigne. Observer les différentes sortes de raisin.

*Deuxième causerie.* — Piquage, une grappe de raisin.

*Troisième causerie.* — La vendange.

*Quatrième causerie.* — Modeler une serpette et une cuve.

*Cinquième causerie.* — Gravure. Vigne et pressoir (Collection des Tableaux Lecoultre).

*Sixième causerie.* — Chanson : Fleur de vigne.

### *Fleur de vigne.*

2

Puis, c'est un grain pâle,
De taille inégale,
Qui grossit sans bruit
Le jour et la nuit ;
Puis sa couleur change
Et c'est la vendange !...

*Refr.* : Ah ! pauvre raisin,
On coupe ton grain ! (*bis*)

(*Les enfants font le geste de couper.*)

3

A quitter la vigne
Le grain se résigne,
Et sous le pressoir
Chacun peut le voir.
Le pressoir le roule
Et son sang s'écoule !...

*Refr.* : Ah ! pauvre raisin,
On foule ton grain ! (*bis*)

(*Les enfants font le geste de presser entre leurs mains.*)

4

Le pressoir s'abaisse :
Maintenant, qu'on laisse
Ce vin s'endormir ;
Il ne doit sortir
Qu'en un jour d'ouvrage,
Pour donner courage.

*Refr.* : Alors bon raisin,
L'on boira ton vin ! (*bis*).

(*Les enfants battent des mains au refrain.*)

Mlles S. Brès et L. Collin.
(*27 Chants pour les enfants accompagnés de récits.*
Hachette et Cie.)

*Septième causerie.* — Vin nouveau. Le goûter : il est doux. Dans certaines cuves il commence à fermenter. Le goûter : il est devenu aigre. Action du vin qui fermente : il éteint notre bougie. Asphyxie par le vin.

*Huitième causerie.* — Visiter une cave.

*Neuvième causerie.* — Visite chez le tonnelier. Modeler un tonneau.

*Dixième causerie.* — Chanson : Le tonnelier[1].

*Onzième causerie.* — Le vin prêt à mettre dans les tonneaux ; différentes couleurs de vin. Vin fin en bouteilles. Modeler une bouteilles.

*Douzième causerie.* — Sous forme de causerie ou de récit montrer aux enfants comment une chose, bonne en elle-même comme le vin, devient funeste si elle est prise avec excès.

### *Le vent.*

Cette idée centrale se trouve développée dans le chapitre suivant au cours du commentaire sur le plan d'une semaine de travail au jardin d'enfants (Voir pages 61-67).

1. Adèle de Portugall. *Chants et jeux.*

## IV

# PLAN D'UNE SEMAINE DE TRAVAIL AU JARDIN D'ENFANTS

Avant de donner le commentaire de cet emploi du temps, il convient de faire trois remarques d'ordre général sur l'enseignement moral et sur la façon d'amener les tout petits à participer à la vie du Jardin d'enfants.

I. — On remarquera dans l'emploi du temps qu'il ne s'y trouve aucune leçon particulièrement affectée à la morale. Cependant cet enseignement moral n'est point supposé absent, mais au contraire mêlé à toute la vie de l'enfant. Les occasions ne manquent pas pour en rappeler les préceptes déterminés. Quant aux motifs directeurs de la conduite, sans être exprimés constamment à des enfants qui ne comprennent guère les formules abstraites, ils n'en demeurent pas moins la source et comme l'inspiration de toute l'éducation. Rappelons ici simplement les principaux sentiments et les principales vertus particulières qui président à la vie des Jardins d'enfants. A la « Jardinière » il faut la connaissance exacte du caractère de l'enfant, l'impartialité envers ses élèves, le respect et l'amour de l'enfant, l'amour de l'ordre et de la beauté. Aux enfants, on tâche de faire aimer l'ordre, la propreté, le silence, la discipline obtenue par des jeux et des moyens appropriés, le respect de la propriété des autres, l'horreur du mensonge et des brutalités.

L'idée principale qui ressort de toutes les observations effectuées avec le concours des enfants, celle qui doit être rappelée pratiquement et non théoriquement, c'est que tout se tient, qu'il y a une règle, une unité, une loi à laquelle tous les êtres obéissent.

II. — L'enfant qui vient au Jardin d'enfants à l'âge de trois ans ne fait guère d'abord que regarder ce qui se passe autour de lui ; il s'amuse avec le matériel Frœbel et la seule chose qui lui soit demandée c'est de ne pas déranger ses camarades.

Petit à petit il comprendra ce qui se fait autour de lui, il s'y intéressera et désirera y prendre une part active. A ce moment l'éducatrice devra avec

## EMPLOI DU TEMPS DES GRANDS

*Matinée et après-midi.*

| HEURES | LUNDI | MARDI | MERCREDI | VENDREDI | SAMEDI |
|---|---|---|---|---|---|
| 9 h. - 9 h. 15 | Ordre et jeux. | Ordre et jeux. | Ordre et jeux. | Ordre et jeux. | Ordre et jeux. |
| 9 h. 15- 9 h. 55 (1) | Calcul. | Orientation. | Écriture et prép. à la lecture. | Histoire naturelle. | Géométrie. |
| 9 h. 55-10 h. 20 | Récréation. | Récréation. | Récréation. | Récréation. | Récréation. |
| 10 h. 20-11 h. | Causerie (idée centrale). | Gymnastique. | Causerie (idée centrale). | Aquarelle. Dessin. | Causerie (idée centrale). |
| 2 h. - 2 h. 40 | Chants et jeux. | Récitation (2). | Travaux manuels. | Travaux manuels. | Orchestre. |
| 2 h. 40- 3 h. 20 | Récréation. | Récréation. | Récréation. | Récréation. | Récréation. |
| 3 h. 20- 4 h. | Travaux manuels. | Jardinage ou nettoyage. | Jeux libres. | Jardinage ou nettoyage. | Jeux libres. |

1. Ce temps comprend la préparation de la leçon et la remise en place du matériel par les enfants. La durée véritable de la leçon est de 20-25 minutes.
2. La récitation comprend le texte des chants et rondes.

## EMPLOI DU TEMPS DES PETITS

*Matinée et après-midi.*

| HEURES | LUNDI | MARDI | MERCREDI | VENDREDI | SAMEDI |
|---|---|---|---|---|---|
| 9 h. - 9 h. 15 | Ordre et jeux. | Ordre et jeux. | Ordre et jeux. | Ordre et Jeux. | Ordre et jeux. |
| 9 h. 15- 9 h. 55 | Enfiler des perles. | Construction. Orientation. | Couture. | Histoire naturelle. | Pliage. |
| 9 h. 55-10 h. 10 | Récréation. | Récréation. | Récréation. | Récréation. | Récréation. |
| 10 h. 10-11 h. | Causerie (idée centrale). | Gymnastique. | Causerie (idée centrale). | Coloriage. Dessin. | Causerie (idée centrale). |
| 2 h. - 2 h. 40 | Chants et jeux. | Récitation. | Travaux manuels. | Travaux manuels. | Orchestre. |
| 2 h. 40- 3 h. 20 | Récréation. | Récréation. | Récréation. | Récréation. | Récréation. |
| 3 h. 20- 4 h. | Travaux manuels. | Jardinage ou nettoyage. | Jeux libres. | Jardinage ou nettoyage. | Jeux libres. |

infiniment de tact doser la part d'intervention personnelle de l'enfant, afin que celui-ci ne soit pas découragé tout de suite par une tâche qui serait au-dessus de ses forces. Si la difficulté du début est heureusement surmontée, on verra l'enfant témoigner de la confiance à celle qui l'a si bien compris, il se sentira du courage, se mêlera joyeusement aux grands et fera avec entrain ce que ses facultés naissantes lui permettront d'accomplir.

III. — Ajoutons encore une observation sur l'emploi dans le Jardin d'enfants des *Causeries de la mère* de Frœbel. Nous y avons renvoyé dans nos sommaires d'idées centrales parce que nous nous en servons nous-même avec le plus grand fruit; mais nous savons qu'il y a de la difficulté pour les Jardinières à s'en servir, si elles n'ont pas reçu dans une école une formation spéciale. Du moins celles qui voudront se pénétrer de l'esprit frœbellien qui vivifie les Jardins d'enfants devront méditer ces causeries. Elles y chercheront l'art d'utiliser les humbles idées élémentaires des enfants, à propos d'un sujet quelconque, pour développer les petits moralement et produire chez eux une forte impression de l'harmonie d'ensemble des choses. Ceci est le propre de l'esprit frœbellien; c'est ce qui explique l'âme de l'enfant et la révèle à elle-même. De là vient l'intérêt que prend l'enfant à son école et à ce qu'il y fait. Malheureusement le premier abord de ces causeries est un peu rebutant à cause du contraste des menus enfantillages avec des considérations d'allure un peu prétentieuse. Il faut surmonter cela. D'ailleurs le texte allemand, dans sa fraîcheur de poésie, laisse mieux voir l'idée naïve de Frœbel que la traduction française qui est un peu ancienne déjà et un peu guindée. J'y renvoie cependant, à défaut d'autre chose. D'ailleurs dans notre développement de l'idée centrale du blé, nous avons montré par deux exemples (p. 15 et 30) quel usage peut être fait au Jardin d'enfants des *Causeries de la mère*. Il n'est pas à propos d'aller chercher dans les *Causeries de la mère* des sujets tout préparés mais seulement un certain esprit dans lequel il convient d'élaborer personnellement des sujets. C'est cet esprit que tâchent de donner aux Jardinières les instituts spéciaux frœbelliens.

## *Commentaire de « l'emploi du temps » pendant une semaine supposée du mois de* Novembre : du lundi 6 au samedi 11 novembre.

*(Le vent est l'idée centrale choisie.)*

**L'arrivée à l'école.** — Chaque matin, en arrivant

à l'école, les enfants, d'après un ordre établi à l'avance, feront « le ménage » ; c'est-à-dire qu'ils devront lever et habiller les poupées, les laver, faire leurs lits, épousseter les meubles, soigner les oiseaux, les poissons, les plantes, le petit jardin s'il y a lieu.

Ceci fait, la maîtresse accompagnera au piano le chant du matin toujours approprié et choisi en vue de réunir toutes ces petites âmes d'enfants dans un même sentiment élevé. Quelques instants encore seront consacrés à un petit entretien : des défauts seront relevés chez tel enfant, des paroles d'encouragement seront adressées à un petit timide, etc., etc...

Puis la leçon commence.

### LUNDI 6 NOVEMBRE.

9 h. 15 à 9 h. 55. — **Calcul.** — *Première division : 5 à 6 ans.* — Introduction du nombre cinq (voir page 155).

*Deuxième division : 4 à 5 ans.* — Un entier divisé par le milieu (voir page 148).

En prévision de l'arbre de Noël à orner, prendre cette fois des noix dont les moitiés recollées et dorées pourront être utilisées.

Les tout petits enfilent des perles : une rouge, deux bleues et ainsi de suite.

9 h. 55 à 10 h. 20. — **Récréation.** — Cette récréation sera comme toutes les autres une vraie récréation pour les enfants qui courent, crient et s'amusent à volonté. Mais c'est aussi pour la maîtresse une occasion précieuse de recueillir des observations très sûres ; l'enfant parmi ses jeux se livre et montre mieux qu'ailleurs sa vraie nature. Autant que possible, on ne se mêlera pas aux petites disputes qui pourraient survenir ; on les rappellera plutôt le lendemain dans cette minute de recueillement qui le matin précède la classe et qui est si favorable aux bonnes résolutions.

10 h. 20 à 11 heures. — **Causerie I : Effets du vent en automne.** — Promenade dans le jardin. Nous marchons sur un tapis de feuilles mortes. Qui les a jetées par terre? — C'est le vent. Il secoue les arbres, il fait voler les feuilles comme des oiseaux. Partout, partout il y a des feuilles, même sur nos petits jardins. Nous allons ratisser les allées et nous ferons un gros tas de ces feuilles mortes que nous transporterons sur le fumier. Nous laisserons les feuilles mortes qui jonchent le sol du petit bois, car elles protègeront les plantes contre le froid et leur serviront plus tard de fumier.

Oh ! comme le vent fait tourner la girouette sur le toit ! comme il fait voler nos cheveux, nos chapeaux ! il court, il se dépêche car il a encore fort à faire pour secouer jusqu'aux dernières feuilles. Le jeune chêne seul lui résiste, le vent a beau souffler, beau tempêter, ses feuilles restent, elles ne font entendre qu'un léger bruissement et ont l'air de rire de son impuissance. Nous ramassons des feuilles teintées de jaune, de rouge, d'orange, de brun pour en faire un bouquet et en garnir les murs de notre salle.

*Après-midi.*

2 h. à 2 h. 40. — **Chants et jeux.**

***Le vent*** (voir pages 65 et 66.)

Dans cette leçon de chant, l'on ne se borne pas à chanter la chanson qui se rapporte à l'idée centiale ; on répète aussi quelques-unes des chansons déjà apprises. Supposons que précédemment une idée centrale ait amené à étudier la basse-cour. Dans la leçon « Chants et Jeux » on répètera les chansons qui auront plu davantage, par exemple la jolie chanson « La Basse-Cour » dans Hue, *Les premiers pas à l'École*, page 192[1].

1. Librairie Armand Colin.

## *Le vent.*

Allegro
CHANT
C'est le vent, C'est le vent Qui
PIANO
dans ses longs voy - a - ges En-traîne les nu - a - ges C'est
le vent Tout puissant, C'est le vent Tout puis - sant

2

C'est le vent (*bis*)
Qui passant au village
Moud le blé du ménage
C'est le vent
Très puissant ! } (*bis*)

3

C'est le vent (*bis*)
Qui chasse du rivage
La barque et l'équipage
C'est le vent
Très puissant ! } (*bis*)

4

C'est le vent (*bis*)
Qui porte aux marécages
L'air pur des grandes plages.
C'est le vent
Très puissant ! } (*bis*)

5

C'est le vent (*bis*)
Qui mugit et ravage
Dans la nuit et l'orage.
C'est le vent
Très puissant ! } (*bis*)

6

C'est le vent (*bis*)
Qui balance au passage
Les nids dans le feuillage.
C'est le vent
Très puissant ! } (*bis*)

7

C'est le vent (*bis*)
Qui des grands pâturages
Sème les fleurs sauvages.
C'est le vent
Très puissant ! } (*bis*)

8

C'est le vent (*bis*)
Doux en son badinage
Et terrible en sa rage.
C'est le vent
Très puissant ! } (*bis*)

*Avant et après chaque couplet les enfants souffleront deux fois sur leurs mains en agitant les doigts pour figurer le vent qui ébranle tout sur son passage.*

Mlles S. Brès et L. Collin.
*66 Chants pour les enfants.* Hachette et Cie, édit.

Avoir soin aux différents couplets de faire faire les mouvements appropriés par des enfants différents, de façon à instituer entre eux une sorte de concours. C'est à qui imitera le mieux l'animal qu'il représente.

2 h. 40 à 3 h. 20. — **Récréation.**

3 h. 20 à 4 h. — **Travaux manuels.** — *Coloriage.* — Après une courte causerie rappelant la leçon du matin, je donne à chaque enfant une feuille à colorier. Aux grands, une feuille de vigne vierge, par exemple ; — aux petits, quelque chose de plus facile comme une feuille de peuplier.

## MARDI 7 NOVEMBRE.

**Orientation.** — *Première division.* — Trouver les points cardinaux au cours d'une promenade faite de l'école à la gare. Voir pages 110-113.

*Deuxième et troisième divisions.* — **Construction :** une suite[1], en précisant les expressions : en haut, en bas, devant, derrière, à droite, à gauche. Voir pages 100-102.

**Gymnastique.** — La leçon d'orientation ayant donné lieu à une promenade, le plan doit être modifié. Les enfants fatigués auront « Jeux libres »

1. Sur le sens donné au mot de « Suite » voir plus loin page 182.

(chambres de poupées) et la gymnastique se trouvera reportée au mercredi de 3 h. 20 à 4 heures.

*Après-midi.*

**Récitation.** — Deux couplets de la chanson « le vent », revision de chansons apprises précédemment. Les petits retiennent ce qu'ils peuvent.

**Jardinage.** — Couvrir les oignons de feuilles et de fumier pour l'hiver.

## MERCREDI 8 NOVEMBRE.

**Ecriture et préparation à la lecture.** — *Première division.* — Le grand et le petit peuplier lelele[1]. — Mots à trois sons : balle, coq, poule, etc.

*Deuxième division.* — Lignes horizontales, une courte, une longue... Voir pages 80-83.

*Troisième division.* — Lignes horizontales avec des bâtonnets d'un bout de la table à l'autre ; ce sont des rails de chemin de fer entre lesquels nous allons faire marcher une locomotive et des vagons (cubes).

**Causerie II.** — Le vent sèche notre linge mouillé. La veille, en prévision de cette deuxième

1. Voir plus loin page 177.

causerie, on a fait faire une petite lessive à la maison. Il y a un bon vent aujourd'hui ; nous allons aider à suspendre le linge dehors. Mais qui est-ce qui va le sécher puisqu'il n'y a point de soleil. C'est monsieur le vent qui fera ce travail, maintenant qu'il a fini de secouer les feuilles des arbres. Il fait flotter le linge que l'on étend. Comme il l'emporterait si on ne le fixait avec des pinces. Il souffle dessus, il l'agite, le fait claquer et bien vite le sèchera.

Cette leçon en apparence si courte est surtout riche d'observations de la part des enfants sur les effets du vent ; l'un remarquera que les oiseaux sont moins nombreux qu'à l'ordinaire, que le brin d'herbe si délicat se courbe sur la terre, un autre se souviendra d'avoir soufflé sur sa soupe trop chaude du matin, d'avoir trouvé moins de boue sur le chemin de l'école, etc. Les questions des enfants dirigeront la leçon ; mais on cherchera toujours à souligner l'action desséchante du vent plutôt que ses autres effets.

## *Après-midi.*

**Travaux manuels.** — Représenter la lessive. Les grands découpent du linge (chemises, pantalons, bas, etc.).

Les petits modèlent des socles de terre glaise et y plantent des bâtonnets qu'on relie par une mince ficelle ; ce sont des séchoirs. On étend dessus le linge découpé par les grands. Les enfants soufflent pour imiter le vent et faire flotter et sécher le linge.

**Jeux libres.** — Avec les chambres de poupées, les séchoirs et le linge découpé.

**Gymnastique.** — Elle n'avait pas été faite hier, mardi, par suite d'une circonstance imprévue. Marche rythmée à quatre temps (La musique doit être très simple et mélodieuse, le premier et le troisième temps doivent être joués plus fort pour bien marquer la mesure).

Les enfants écoutent la musique et tâchent de marquer le pas.

Mouvements des bras avec musique. Les mains sur les épaules 1, en l'air 2, sur les épaules 3, en bas 4.

Sur les épaules, en avant, sur les épaules, en bas.

Sur les épaules, étendus, sur les épaules, en bas.

Les pieds en position — le pied droit en avant, en position.

Le pied gauche en avant, en position.

## Vendredi 10 novembre.

**Histoire naturelle.** — Promenade dans le petit bois voisin et dans le jardin.

Tableau Lecoultre.

Le Bois (Automne).

Observer les plantes pour découvrir comment elles se préparent à affronter les rigueurs de l'hiver. Les arbres ont déjà préparé leurs bourgeons pour la belle saison, mais ils les gardent enveloppés dans de petits manteaux bruns ; le marronnier même a pour eux un manteau ouaté. Les aiguilles des sapins qui étaient d'un vert tendre se sont durcies et ont pris une teinte plus foncée. La feuille du lierre est devenue dure et luisante. Le vent, lui, a pris soin des petites plantes, il a fait voler sur elles des feuilles mortes. Plus tard, la neige viendra les recouvrir tout à fait de son blanc manteau et elles pourront dormir jusqu'au printemps, bien enveloppées de cette double couverture qui les protège contre le froid et la gelée. Nous choisissons quelques branches avec de jolis bourgeons, nous les rapportons au jardin d'enfants et les mettons dans de l'eau que nous maintiendrons tiède.

Au bout de quelques jours, sous l'influence de la chaleur douce, les bourgeons se gonfleront et nous verrons apparaître de petites feuilles et même des fleurs.

(Nous préférons faire attendre que le bourgeon s'ouvre tout seul, voulant éviter la tendance déjà trop développée chez les petits enfants de tout ouvrir, tout briser et tout déchirer « pour voir ce qu'il y a dedans », comme ils disent.)

Dessiner une petite branche avec bourgeons.

**Aquarelle.** — *Première division.* — Une branche de sapin.

Nous avons rapporté une belle branche de sapin ce matin et l'avons mise à côté de notre cage; les oiseaux avaient l'air tout joyeux de ce voisinage de verdure. Nous prenons cette grande branche et la fixons à plat sur le tableau. Quelle forme a-t-elle? — Elle est pointue en haut, large en bas. Vous rappelez-vous la forme des sapins? — Si nous voulions dessiner cette grande branche de sapin par quoi commencerions-nous? — Par la grande ligne du milieu; elle est verticale, les petites de côté sont obliques.

Quelle couleur faudrait-il prendre? — Du brun. Mais vous ne pourriez pas dessiner cette grande branche dans vos petits cahiers; je vais couper à chacun de vous une petite branche dans la grande. — Regardez vos petites branches.

Elles ont en petit la forme de la grande. Qu'y a-t-il au bout de chaque petite branche? — Comment est la grande ligne verticale en bas? en haut? — Minces en haut, plus grosses en bas. Pour le haut, il faudra prendre la pointe du pinceau, et l'appuyer davantage vers le bas. Je distribue les cahiers et les pinceaux. Chaque enfant peint ce qui est en brun dans son modèle.

Pendant que ce premier travail sèche, nous parlons des aiguilles du sapin. Nous remarquons leur odeur de résine, leur forme, leur symétrie, la mince couche de cire qui les recouvre et les rend luisantes en les préservant de la pluie et de la gelée. Puis nous reprenons nos pinceaux, chaque enfant trace en vert les aiguilles à l'aide de traits obliques de chaque côté des branches.

*Deuxième et troisième divisions.* — Colorier une pomme de pin. — Causerie sur la pomme de pin, sa couleur, sa forme. Observer les écailles pareilles à de petites tuiles. Sous chaque tuile il y a deux petites graines munies d'une petite aile. C'est pour voler. Mais comment arrivent-elles à s'envoler, elles sont serrées sous la petite écaille qui leur sert de toit et empêche la pluie de les mouiller. Par un beau jour sec et ensoleillé, les petites tuiles se soulèvent pour permettre aux graines de regarder le soleil. Elles regardent, comme le font les petits oiseaux lorsqu'ils vont s'élancer pour la première fois hors de leur nid, et, comme eux aussi, elles s'élancent et quittent le toit protecteur pour voler à travers le monde. Elles volent, volent avec leur unique petite aile, mais elles sont vite fatiguées, elles se rapprochent lentement de la terre, puis tombent les unes après les autres ; bientôt le vent souffle dessus une mince couche de terre. Un petit animal en passant, un chevreuil peut-être, posera le pied dessus et tassera la terre comme le ferait un jardinier. Qu'arrive-t-il alors au bout de quelque temps ? Les enfants le savent bien, ayant déjà vu maintes fois germer des graines semées par eux.

Pourquoi les petites tuiles se soulèvent-elles seulement quand il fait sec et qu'il y a un beau soleil ? -- Quelle couleur nous faudra-t-il prendre pour colorier nos pommes de pins ? — Distribuer les dessins préparés et les crayons de couleur.

### *Après-midi.*

**Travaux manuels.** — Faire de petites maisons avec des boîtes d'allumettes vides, recouvrir le toit d'écailles de pommes de pins pour imiter les tuiles de nos maisons.

**Jardinage.** — Ratisser les feuilles tombées dans les allées, les charger sur les petites brouettes pour les conduire au fumier, ou bien les faire sécher et en faire de la litière pour la vache.

En cas de mauvais temps, on remplacerait le jardinage par le nettoyage de la salle (laver les plantes, les ardoises, ranger les armoires, etc.).

## SAMEDI 11 NOVEMBRE.

**Géométrie.** — Formes coniques (dix-septième exercice). Les enfants modèlent un cône, les petits prennent ce qu'ils peuvent de cette leçon.

**Causerie III.** — La chanson « les quatre vents ».

### *Les quatre vents.*

1.

Enfant, sais-tu le nom des vents
Qui soufflent sur la terre?
Le soir parfois tu les entends
Mugir avec mystère.

2.

L'un vient du nord : comme il fait froid!
Quand il souffle tout gèle;
Chacun se cache sous son toit
Où la flamme étincelle.

3.

Le vent qui souffle du midi
Réchauffe la nature;
Si de l'ouest, il vient, on dit :
Demain la pluie est sûre.

4.

Et le nord-est, tu le connais,
Il s'appelle la bise,
Il souffle sur bois et marais,
En passant tout il brise.

5.

Enfant, retiens les noms des vents
Qui soufflent sur la terre,
Et par dessus villes et champs
Passent avec mystère.

C. P.

(Extrait de : *Chants et Jeux* recueillis et arrangés par A. DE PORTUGALL, Ch. Delagrave, édit.).

Dans notre leçon d'orientation nous avons parlé des quatre points cardinaux; il nous est facile d'introduire ce nouveau jeu « les quatre vents ».

Quatre enfants dans la direction des points cardinaux représentent les vents. Nous savons où est le Midi, le Nord, l'Ouest, l'Est.

Les autres enfants représentent les arbres ; ils se placent au milieu de la chambre, ils lèvent les bras en l'air pour figurer des branches, tous ensemble chantent le premier couplet. Au second le vent du Nord s'avance en chantant seul et en soufflant vers les enfants.

Ceux-ci inclinent lentement leurs bras dans la direction opposée, puis le vent approchant c'est tout le corps qui s'incline.

A la fin du couplet, ils ont les bras ramenés sur la tête comme pour s'abriter.

Au troisième couplet, lorsque le vent de l'Est arrive, les enfants s'agenouillent à demi, comme s'ils étaient brisés. Le vent du Midi vient les réchauffer. La plupart des arbres redressent leurs branches, quelques-uns les laissent pendre encore vers la terre comme s'ils avaient soif ; c'est alors que se lève le vent de l'Ouest qui ramène la pluie. Tous les arbres reprennent leur position première et chantent en chœur le dernier couplet.

*Après-midi.*

**Orchestre.** — Cette leçon est la leçon préférée

des enfants. Elle débute généralement par un morceau que la maîtresse joue au piano en accentuant le premier temps. Les enfants tâchent de trouver la mesure. Leur oreille étant déjà un peu formée et habituée à ce genre d'exercice, ils y arrivent facilement. Alors on reprend le morceau, les enfants comptent en frappant dans leurs mains sur le premier temps.

Celui qui a le mieux observé la mesure reçoit le tambour et doit alors, quand les autres frapperont dans leurs mains au premier temps, donner un coup de tambour. La distribution des autres instruments, tambourins, cymbales, triangles, castagnettes, se fait de la même manière. Les tout petits ont un bâton pour battre la mesure.

Le petit orchestre constitué, comparer les sons des instruments, faire observer le son bref du tambour, du tambourin, des castagnettes, le son long des cymbales, des triangles.

Pour jouer, les enfants devront bien tenir leurs instruments et regarder attentivement le bâton de la maîtresse. Peu à peu, quand ils seront habitués à la mélodie, ils trouveront eux-mêmes à quel endroit doivent jouer le tambour, les triangles, etc. Ils observeront les nuances et se sentiront de vrais petits musiciens.

**Jeux libres**[1]. — Avec les maisonnettes, les boîtes d'allumettes et les poupées en fils tirés, avec de la mousse et quelques branches de sapin, on représente une cabane de bûcherons au milieu du bois.

1. Dans les jeux libres, on ne comprend pas seulement ceux qui se font autour de la table avec du matériel. Au contraire il peut y avoir avantage à laisser les enfants jouer de-ci, de-là avec les jouets (voitures, chevaux, poupées, cuisines, etc.). qui font toujours partie d'un jardin d'enfants Ils apprennent ainsi à jouer gentiment et à soigner leurs jouets, surtout ils se familiarisent avec leur local et s'y sentent de plus en plus chez eux.

## V

# PRÉPARATION A LA « GÉOMÉTRIE »

La géométrie éduque l'œil et le sens de la vue. Elle donne le sentiment de la forme des objets qui nous entourent, en fait reconnaître et distinguer nettement les lignes.

Les exercices de géométrie nous sont utiles pour le dessin, pour l'écriture, la lecture, l'orientation, le calcul.

Il est entendu que nous ne prenons ici de la « géométrie » que les notions qui sont à la portée de l'enfant et lui peuvent servir dans la suite.

Voici les quelques exercices que nous avons jugé lui être nécessaires pour sa préparation à l'école et pour son premier développement intellectuel.

### PREMIER EXERCICE.

*Ligne horizontale.*

Nous tâcherons de faire une belle promenade

à la campagne, si possible dans une plaine s'étendant jusqu'à l'horizon.

Nous cueillons des fleurs, nous écoutons le chant des oiseaux : les enfants courent, s'amusent ; nous voulons nous reposer un instant et nous nous asseyons au bord du chemin. Nous nous entretenons de tout ce qui se présente à notre vue : de l'herbe, des arbres, des fleurs, des oiseaux, du village que l'on voit là-bas et du ciel qui, plus loin, tout au loin, a l'air de toucher la terre. Nous étendons les bras pour embrasser tout l'horizon. Cela fait comme une grande ligne ; elle va de droite à gauche et de gauche à droite, — pour les petits de cette main à cette main. Cet endroit éloigné où le ciel semble toucher la terre s'appelle l'horizon.

### *Ligne horizontale (suite).*

Montrer une gravure reproduisant à peu près le paysage que nous avons vu la veille.

Causerie sur ce paysage et sur la promenade que nous avons faite. Oh ! on voit aussi l'horizon sur ce tableau. Il forme une ligne. Plusieurs enfants s'approchent et, l'un après l'autre, la montrent. Elle va d'un bout du tableau à l'autre : de gauche à droite, de droite à gauche. Nous étendons les bras comme nous l'avons fait à la promenade.

Un enfant reproduit cette ligne sur le tableau noir.

Nous appelons lignes horizontales toutes les lignes qui suivent cette même direction de gauche à droite, de droite à gauche. Il y a beaucoup de lignes horizontales dans cette chambre. Chaque enfant en montre une.

*Travail d'application.* — Tracer des lignes horizontales sur l'ardoise, d'un bout à l'autre, de la main gauche à la main droite.

### *Ligne horizontale (suite).*

Nous traçons sur le tableau noir une ligne comme celle que nous avons vue sur la gravure. Chaque enfant prend son cahier et fait au milieu de la page une ligne horizontale. Elle divise la page en deux. Nous allons, comme sur le tableau, peindre le beau ciel bleu au-dessus de la ligne, l'herbe verte au-dessous. Pendant que notre peinture sèche, les enfants montrent encore des lignes horizontales dans la chambre, puis ils dessinent à volonté au crayon ce qu'ils ont vu sur la gravure.

### *Ligne horizontale (suite).*

#### Petites lignes horizontales.

Nous prenons un long bâtonnet et le posons sur la table en ligne horizontale. Nous brisons le bâtonnet en plusieurs petits morceaux et reposons ces morceaux sur la table en une rangée horizontale. Ce sont de petites lignes horizontales.

*Travail.* — Chaque enfant dessine sur son ardoise de petites lignes horizontales.

*Remarque.* — A la suite de cet exercice se place le commencement de la préparation à l'écriture. En couture on pourra également broder des lignes horizontales.

## DEUXIÈME EXERCICE.

### *La surface.*

Sur quoi avons-nous écrit nos lignes horizontales? Voici un fil : pouvons-nous écrire dessus, ou y faire un dessin ? — Non. — Sur quoi pouvons-nous écrire ? — Sur la table, sur le tableau, sur l'ardoise, etc. Voici un vase ; sur quoi pouvons-nous le poser ? — Sur le buffet, le rebord de la fenêtre, etc. Toutes ces places sur lesquelles nous pouvons poser des objets, dessiner ou écrire, nous les appelons des surfaces. — Montrez-moi des surfaces dans cette chambre.

*Travail d'application.* — Je donne à chaque enfant un morceau informe de terre glaise. Nous allons l'aplatir et nous écrirons sur notre surface.

Chaque enfant aplatit sa terre glaise comme un gâteau, puis avec un bâtonnet pointu y trace des lignes horizontales.

## Troisième exercice.

### *Les arêtes.*

Distribuer les boîtes de cubes. — Chaque enfant pose sa boîte devant lui. — Renversez la boîte de façon que le couvercle se trouve sur la surface de la table. Qu'arrivera-t-il si nous tirons par en dessous le couvercle de la boîte ? Il ne faut pas laisser la boîte dépasser le bord de la table. Qu'arriverait-il sans cela? — On s'arrête à la surface de la table. Montrez d'un bout à l'autre. Appuyez le doigt contre le bord de la table, le bord est tranchant. L'endroit où s'arrête la surface de la table s'appelle l'arête. Montrez où finit la surface du buffet. Montrez les arêtes de votre boîte de cubes. Montrez les surfaces de votre boîte de cubes. — Le cube a beaucoup d'arêtes, beaucoup de surfaces.

*Travail.* — Construction : une suite.

## Quatrième exercice.

### *La sphère.*

Je prends la boîte du deuxième don Frœbel; j'en retire le cylindre et le cube, et je n'y laisse que la sphère. Je montre la boîte fermée aux enfants et j'y fais rouler la sphère en leur donnant à deviner ce qu'il peut bien y avoir dans la boîte. Nous retirons la sphère et la faisons rouler sur la table. Elle voyage aussi dans la main de chaque enfant. Nous la reposons sur la table. Elle ne reste pas en place; que fait-elle? — Elle roule. Pourquoi roule-t-elle? — Vous l'avez eue dans vos mains. Vous l'avez entendue rouler. En quoi est-elle faite? — Peut-on écrire sur cette boule? — Elle a donc une surface. Cette surface ressemble-t-elle à celle de la table? — La surface de la boule est ronde. Où s'arrête la surface de la boule? La boule n'a pas d'arête, elle n'a qu'une surface; sa surface est ronde. Cette boule porte un nom, comme cet enfant qui s'appelle Pierre, comme celui-là qui s'appelle Henri, etc.; la boule s'appelle *sphère*.

*Travail d'application.* — Modeler une sphère avec de la terre glaise.

*Remarque.* — Nous répéterons dans le jeu rythmé des balles ce qui a été dit précédemment sur la sphère. Nous ferons remarquer aussi que la sphère est en bois, que notre balle est en caoutchouc ou en laine. — Les tout petits s'amuseront souvent à la balle et se familiariseront avec sa forme.

## CINQUIÈME EXERCICE.

### *Ligne verticale.*

Nous prenons les cahiers d'aquarelle et sur le paysage représentant la ligne horizontale, le ciel et la terre, nous allons dessiner un arbre, un peuplier. La pointe touchera le ciel, aura l'air de le toucher, les racines s'enfonceront dans la terre.

Quelle ligne faudra-t-il faire? Une ligne qui aille d'en haut jusqu'en bas. Nous en ferons une autre à petite distance de la première, pour marquer la grosseur du tronc. On rapprochera les lignes vers le haut, on les écartera dans le bas pour figurer la pointe de l'arbre et le tronc. — Je trace le dessin sur le tableau noir. — Cette ligne porte aussi un nom, elle s'appelle ligne *verticale*. Toutes les lignes qui vont d'en haut jusqu'en bas s'appellent lignes verticales. Trouvez des lignes verticales dans la chambre.

*Travail d'application.* — Les enfants dessinent le tronc d'un arbre et le colorent en brun ; ils ajoutent le feuillage en vert.

*Remarque.* — Revision de la ligne verticale dans les exercices préparatoires à l'écriture.

## SIXIÈME EXERCICE.

### *L'ovale.*

S'il y a un poulailler dans le voisinage du Jardin d'enfants, nous demandons à chercher les œufs dans les nids. — Nous rapportons les œufs pour la cuisine ; nous en faisons rouler un sur la table. Il ne roule pas aussi bien que la boule. Pourquoi? — La forme est plus allongée. La forme de l'œuf n'est pas ronde, elle est ovale. Connaissez-vous des objets dont la forme est ovale? Cette boîte, ce plateau (Tâchez d'avoir à votre portée quelques objets de forme ovale).

*Travail.* — Nous modelons un ovale, un œuf, que l'on peindra en blanc lorsqu'il sera sec.

## Septième exercice.

### *L'angle.*

Un enfant dessine une ligne verticale. Montrez les deux bouts de la ligne : le bout d'en haut, le bout d'en bas. Dessinez en partant de l'un des bouts, une ligne horizontale. Quel dessin avons-nous fait? C'est un coin, un angle. Comment avons-nous fait cet angle ? — Les deux lignes de cet angle sont droites. Comment pourrions-nous appeler cet angle formé par deux lignes verticale et horizontale ? — Angle droit. Montrez des angles droits dans cette chambre.

*Travail d'application.* — Dessiner des angles droits sur le côté quadrillé de l'ardoise.

## Huitième exercice.

### *Le carré.*

Une feuille de pliage à chaque enfant. — Posez le papier à plat devant vous. Vous avez une ligne horizontale en haut, une en bas. Combien y a-t-il d'angles ? — Combien de côtés ? — Nous prenons quatre bâtonnets pour encadrer le carré. Les enfants choisissent eux-mêmes la longueur des bâtonnets et trouvent qu'ils doivent être d'égale longueur. Les côtés du carré sont donc égaux. Vous avez posé avec vos bâtonnets des lignes autour du carré. Montrez les deux lignes horizontales. Montrez les deux lignes verticales. Faire répéter les qualités du carré.

*Travail d'application.* — Pliage : une suite. I. Le livre. II. Le mouchoir. Dessiner des bordures au mouchoir.

## Neuvième exercice.

### *Les angles droit, aigu, obtus.*

Je donne à chaque enfant deux bâtonnets.

Faites un angle droit avec vos bâtonnets. Combien de bâtonnets faut-il pour faire un angle ? — Rapprochez un peu vos deux bâtonnets : ceci est un angle aigu. C'est le clocher de l'église. — Ecartez de nouveau vos deux bâtonnets, encore un peu. Ceci est encore un autre angle, il a un nom particulier ; il s'appelle angle obtus. — Formez de nouveau un angle droit, un angle aigu, un angle obtus.

### *Le triangle.*

Une feuille de pliage à chaque enfant. — Posez le carré de papier à plat devant vous, mais cette fois-ci un coin ou un angle en haut et un en bas. Prenez l'angle du bas et pliez-le exactement sur celui du haut. Comptez les angles, comptez les côtés. Combien d'angles doit avoir le carré ? Combien de côtés ? — Ce n'est donc plus un carré. On appelle cette forme qui n'a que trois angles, un triangle. Vous avez tous déjà joué du triangle à la leçon de musique. Nous allons mesurer les trois côtés de ce triangle. Un des côtés est plus long. Regardez les angles de votre triangle. Posez le triangle devant vous comme si c'était le toit d'une maison. Il y a un angle tout seul en haut et deux en bas. Comment est l'angle du haut ? Les deux du bas ? Un triangle a combien d'angles ? Combien de côtés ?

*Travail d'application.* — Former une étoile en mosaïque sur le cahier de dessin, avec un carré et des triangles. En marquer les contours et colorier. — Nous ne distinguons pas les différents triangles ; les noms seraient trop difficiles à retenir.

## Dixième exercice.

### *Ligne oblique.*

Nous prenons le tableau noir.

Montrez le coin en bas à droite.

— en haut à gauche.

— en haut à droite.

— en bas à gauche.

Distribuez les ardoises et les crayons aux enfants.

Faites un point dans le coin en bas à gauche de votre ardoise, puis un point dans le coin en haut à droite. Reliez ces deux points par une grande ligne. Cette ligne est une ligne oblique. Trouvez des lignes obliques dans la salle.

*Travail d'application.* — Tournez vos ardoises du côté quadrillé. Dessinez des lignes obliques dans chaque carré.

(En couture on pourra broder le point de croix qui rappellera les lignes obliques.)

## ONZIÈME EXERCICE.

### *Le cube.*

Le cube étudié et comparé avec la sphère.

Récapituler le quatrième exercice sur la sphère. Faire trouver les ressemblances et les différences.

La sphère n'a qu'une surface; le cube a beaucoup de surfaces. (Nous ne pourrons que plus tard compter les surfaces lorsque l'enfant calculera jusqu'à huit et douze.)

Le cube a des arêtes; la sphère n'en a pas.

Le cube a des angles; la sphère n'en a pas.

Les surfaces du cube sont carrées; les surfaces du cube sont planes; le cube reste en place, il est stable. La surface de la sphère est ronde; la sphère ne reste pas en place, elle n'est pas stable.

*Travail d'application.* — Modeler un cube avec de la terre glaise. Chaque enfant a un cube devant soi et un petit paquet de terre glaise. On retrousse ses manches et nous commençons par modeler une sphère. Le cube est d'aplomb sur une de ses surfaces; nous aplatissons un peu la sphère modelée afin de la faire tenir sur place. Montrez la surface du haut du cube, nous faisons également une surface en haut à notre sphère en la renversant et en aplatissant cette partie sur la table. C'est ainsi que nous transformerons notre sphère en cube en l'aplatissant à mesure que nous nommerons les surfaces du cube : une surface devant, une derrière, une à droite, une à gauche, une en haut, une en bas.

## *Le cube (suite).*

### Les surfaces du cube.

Quelle forme ont les surfaces du cube? Elles sont carrées. — Le carré a combien d'angles? Combien de côtés? — Comment sont tous les côtés du carré? Les côtés du carré sont tous égaux. — Nous allons mesurer les surfaces de notre cube et voir si toutes sont pareilles. Je donne à chaque enfant un petit cube, puis un carré de papier de la même grandeur que les surfaces carrées de nos petits cubes. Nous posons alternativement le carré de papier sur chaque surface de notre cube : d'abord en haut, puis en bas, puis devant, derrière, à droite, à gauche. Les surfaces du cube sont toutes d'égale grandeur.

*Travail d'application.* — Nous renversons la boîte après y avoir remis le cube que nous avions sorti ; nous tirons le couvercle, soulevons la boîte et voyons que tous nos petits cubes sont de la même grandeur ; l'un ne dépasse pas l'autre ; ils forment ainsi placés en tas *un* grand cube.

## DOUZIÈME EXERCICE.

### *Le cylindre.*

Le cylindre étudié et comparé avec le cube.

Nous prenons la boîte du deuxième don Frœbel et en retirons le cylindre et le cube. Le cylindre comme le cube est stable. Les surfaces du cube sont toutes carrées et toutes pareilles. Le cylindre a deux surfaces planes sur lesquelles il reste en place, ces surfaces ont chacune une arête mais point d'angles. Les arêtes du cylindre sont courbes. Le cylindre a trois surfaces : une en haut, une en bas et une tout autour. Les surfaces d'en haut et d'en bas sont planes, celle qui est tout autour est courbe. Le cylindre peut rouler sur cette surface courbe comme une sphère.

*Travail d'application.* — Modeler un cylindre en terre glaise.

Nous commençons toujours par modeler une sphère. Puis nous la roulons deux ou trois fois en appuyant légèrement dessus, en avant, en arrière ; ensuite nous aplatissons cette forme allongée en haut et en bas, et obtenons ainsi les trois surfaces du cylindre.

Tout en modelant le cylindre, les enfants lui trouvent toutes sortes de ressemblances avec d'autres formes connues : le tuyau du poêle, le verre de la lampe, etc.

## Treizième exercice.

### *Le cône.*

J'ai modelé auparavant un cône de la grandeur du cylindre avec de la terre glaise. Nous posons le cône à côté du cylindre et comparons les deux formes : le cône n'a que deux surfaces, une surface plane sur laquelle il repose et une surface courbe. Le cône est large en bas, pointu en haut :

il ressemble au clocher d'une église. Le cylindre est large en bas et large en haut. Nous connaissons aussi un arbre dont la forme se rapproche de celle du cône, il est pointu en haut, large dans le bas : c'est le sapin (conifère).

*Travail d'application.* — Découper et colorier un sapin (forme conique).

Nous pouvons aussi comparer le cône à une pomme de pin, et modeler ensuite une pomme de pin.

## QUATORZIÈME EXERCICE.

### *Les trois solides comparés.*

*Surfaces.* — La sphère a une surface ; le cylindre a trois surfaces ; le cube en a beaucoup.

*Formes des surfaces.* — La sphère a une surface courbe. Le cylindre a une surface courbe et deux surfaces planes. Les surfaces du cube sont toutes planes et carrées. — Le cube est stable sur toutes ses faces ; le cylindre n'est stable que sur ses deux surfaces planes ; la sphère n'est pas stable.

*Contour des surfaces.* — Le cube a beaucoup d'angles ; ses angles sont tous droits. Le cube a beaucoup d'arêtes ; ses arêtes ont toutes la même longueur. — Le cylindre a deux arêtes courbes. — La sphère n'a ni angles ni arêtes.

Faire observer les apparences des corps en mouvement. Exercice pour la vivacité du coup d'œil. Cet exercice amuse et intéresse beaucoup les enfants. — Suspendre le cube par le centre de l'une de ses faces ; le faire tourner vite sur lui-même : on croit voir au milieu un cylindre. — Faire tourner ainsi les solides attachés à différents endroits ; les enfants tâcheront de saisir la forme qui apparaîtra.

## Quinzième exercice.

### *Le rectangle.*

Le rectangle comparé au carré.

Je distribue à chaque enfant un papier de pliage. C'est un carré. Plions le carré en deux ; la forme obtenue n'est plus carrée. Deux côtés sont plus longs, les deux autres plus courts. — Les angles sont droits comme ceux du carré. — Cette forme est un rectangle. Notre armoire a la forme d'un rectangle ; notre table aussi a la forme d'un rectangle, etc.

Le rectangle comparé au carré :

*Ressemblances.* — Tous les deux ont quatre côtés; tous les deux ont quatre angles droits.

*Différences.* — Les côtés du carré sont égaux; les côtés du rectangle ne sont pas égaux.

*Travail d'application.* — Le rectangle que nous venons de plier a la forme d'un livret. Chaque enfant fait un dessin sur son livret et y écrit ce qu'il veut.

## Seizième exercice.

### *Le parallélogramme (lignes parallèles).*

Distribuez à chaque enfant un papier de pliage.

Pliez un rectangle. — Ramenez un coin du rectangle jusqu'à la grande ligne horizontale. — Ramenez l'angle opposé jusqu'à l'autre grande ligne horizontale. — Retournez maintenant votre feuille: vous avez une ligne horizontale en haut, une en bas. Ces deux lignes horizontales vont dans la même direction sans jamais se rencontrer comme les rails du chemin de fer; on les appelle parallèles. Les lignes de droite et de gauche sont également parallèles, ce sont des lignes obliques.

Combien y a-t-il d'angles? — Comment sont les angles? Deux sont aigus; deux sont obtus.

Nous plions encore un rectangle et le comparons avec la forme nouvelle. — Le rectangle a quatre côtés et quatre angles. Les angles du rectangle sont tous droits. — La nouvelle forme a deux angles obtus opposés et deux angles aigus opposés. — Le rectangle a deux longues lignes horizontales et deux courtes verticales. La nouvelle forme a deux lignes obliques parallèles et deux lignes horizontales parallèles.

On appelle cette nouvelle forme un *parallélogramme*.

**Remarque.** — Le désordre apparent qui règne dans notre exposé de géométrie est voulu. L'expérience nous a montré combien il était nécessaire d'espacer certaines notions, comme celles, par exemple, de lignes horizontales, de lignes verticales, si on ne voulait pas voir s'établir de confusion dans l'esprit de l'enfant.

D'autre part il ne paraîtra pas superflu de donner ces notions de géométrie si l'on songe à toute la précision que cela met dans l'esprit et dans le caractère de l'enfant, et combien cela éveille chez lui d'intérêt pour l'étude.

## VI

# PRÉPARATION A LA « GÉOGRAPHIE »

### *Orientation.*

L'orientation est la préparation à l'étude de la géographie.

**PREMIÈRE LEÇON.**

**Notions de droite, gauche, en haut, en bas, devant, derrière.**

Distribuer une petite boîte de cubes à chaque enfant. Nous sortons un cube de la boîte ; ce cube va faire un voyage. Il va grimper tout *en haut* sur la boîte. Où est-il maintenant ? — Puis il va se cacher sous la boîte, *en bas ;* puis *à gauche, à droite, devant, derrière.* — Lorsqu'il est derrière la boîte, on ne le voit plus, il est caché.

Nous répétons cet exercice jusqu'à ce que les

enfants sachent le terme qui convient aux diverses positions du cube.

*Construction*. — Une suite avec application de toutes les notions apprises dans la leçon.

### *En haut, en bas.*

Distribuer les boîtes de cubes.

Passez la main *sur* la boîte. Passez la main *sous* la boîte.

Pour ce second exercice l'enfant devra soulever la boîte. Il apprendra que tout objet, grand ou petit, tient de la place; que pour en mettre un autre au même endroit, il faudra l'enlever. On répétera ce même exercice avec différents objets.

Nous prenons ensuite les ardoises après avoir rangé les boîtes. — Tenez les ardoises debout d'une main; de l'autre, montrez la ligne horizontale en haut, puis en bas. Couchez l'ardoise sur la table, et montrez encore une fois la ligne d'en haut, puis celle d'en bas. Tracez des lignes d'en haut jusqu'en bas.

Il importe que l'enfant sache distinguer ce qui se trouve en haut, en bas, etc.; qu'il comprenne par exemple ce qu'on lui demande en lui disant d'écrire en haut de la page de son cahier, à gauche, etc. — Toute personne qui fait la classe à des commençants sait que ces notions sont presque toujours inconnues.

## Deuxième leçon.

### *La hauteur, la largeur.*

Faire chercher à un enfant un objet sur un meuble plus haut que lui. Il ne peut l'atteindre. Le meuble est plus haut que Charles, que Louis. Montrez la hauteur de ce meuble, de cette chaise. Montrez la hauteur du petit buffet.

Montrez la largeur du buffet, il faut écarter les bras; la largeur de l'armoire, de la chaise, de ce cahier, de cette boîte, etc.

*Travail d'application.* — Pliage. Un petit buffet à deux battants. Dessiner le tiroir dans la largeur, les portes et le bouton de la porte. Montrez la hauteur, la largeur de votre petit buffet.

## Troisième leçon.

### *La profondeur de devant jusque derrière.*

Pierre cherche la bobine de fil qui est tout au

fond du buffet. — Qu'a fait Pierre pour chercher la bobine? — Il a entré son bras jusqu'au fond du buffet. Jusqu'où son bras est-il entré? Jusqu'au coude. — C'est la profondeur du buffet.

Pouvez-vous me montrer la profondeur du buffet sans ouvrir la porte et y entrer votre bras? — Oui, les deux côtés montrent la profondeur. Le dessous et le dessus du buffet également.

Revision des leçons précédentes :

*La profondeur* va de devant jusque derrière. — *La hauteur* d'en haut jusqu'en bas. — *La largeur* de droite à gauche.

*Construction.* — Un buffet avec une petite boîte de briques.

## Quatrième leçon.

### *La profondeur d'en haut jusqu'en bas.*

Nous faisons une promenade le long du petit ruisseau. Il y a de belles pierres dans le fond. Nous en retirons avec un râteau. Le manche du râteau est mouillé; bien faire voir jusqu'où. — La partie mouillée montre la profondeur du ruisseau. Nous avons entré le bâton d'en haut jusqu'en bas : il y a profondeur d'en haut jusqu'en bas.

Comment avions-nous mesuré la profondeur du buffet? — Pourquoi sa profondeur va-t-elle de devant jusque derrière? — Parce que la porte s'ouvre devant et non en haut. (Réponse d'enfant.)

*Travail manuel.* — Dessiner ou faire en piquage un poisson ou une grenouille vu dans la pièce d'eau.

*Remarque.* — Si l'on ne peut aller au bord d'un ruisseau, on peut faire cette même expérience de la profondeur d'en haut jusqu'en bas avec un aquarium ou une simple bassine remplie d'eau.

## Cinquième leçon.

### *La profondeur de notre chambre : mur du fond, mur du devant.*

Pour mesurer et trouver la profondeur du buffet, qu'avons-nous fait? Nous avons ouvert la porte et entré le bras dans l'intérieur du buffet. — Comment trouverons-nous la profondeur de notre chambre? En ouvrant également la porte. — Louis, va ouvrir la porte. Est-ce que Louis ne pourra entrer que son bras dans la chambre? Non, la chambre est si profonde qu'il pourra y entrer tout entier; il va marcher tout droit jusqu'au fond de la chambre. Voilà Louis le nez collé contre le mur. — Comment appellerons-nous ce mur qui se trouve au fond de la chambre? Le mur du fond. — Retournons-nous, Comment s'appelle ce mur-ci? Le mur de devant. — Qu'est-ce qui se trouve dans le mur de devant? La porte.

Nommer les objets apposés ou accrochés au mur du fond, puis au mur de devant.

*Travail manuel.* — Faire en pliage ou en modelage un des objets que nous venons de nommer.

## SIXIÈME LEÇON.

### *Le mur de droite, le mur de gauche.*

Cécile, mets-toi debout contre le mur de devant. Comment s'appelle le mur qui est vis-à-vis du mur de devant?

Je fais placer tous les enfants l'un à côté de l'autre, le dos contre le mur de devant. Levez le bras droit. Comment appellerons-nous ce mur que montre notre main droite? Mur de droite. Levez le bras gauche. Comment s'appellera ce mur? Mur de gauche.

Comment nommons-nous le mur qui est vis-à-vis du mur de devant? — Celui qui est vis-à-vis du mur de droite?

Nous voulons mesurer la profondeur de notre chambre. Quel mur faudra-t-il mesurer? Les uns disent le mur de droite, les autres le mur de gauche. Tous ont raison. Pourquoi?

Pour mesurer les murs, les enfants se mettront l'un à côté de l'autre contre le mur en étendant les bras : les mains doivent se toucher. Combien d'enfants faut-il pour le mur que nous venons de mesurer? — Nous mesurons également le mur du fond; ce mur indique la largeur de la chambre. Combien d'enfants faut-il pour mesurer la largeur de la chambre? Combien pour la profondeur?

Dans quels murs se trouvent les fenêtres?

*Travail manuel.* — Dessiner une fenêtre en posant des bâtonnets sur l'ardoise.

*Remarque.* — Après cette leçon on pourra intercaler une petite « Causerie » sur l'utilité, la nécessité des portes et fenêtres; sur la hauteur que doit avoir une chambre, sur la bonne aération, la propreté, etc. On parlera de la manière d'entrer dans une pièce en fermant doucement la porte, en saluant poliment ceux qui s'y trouvent déjà. — On verra de quelle façon on peut rendre une chambre agréable à habiter en disposant tout avec goût, en rangeant tout avec soin. — On distinguera les objets du mobilier qui sont d'utilité pratique de ceux qui sont d'ornement.

## SEPTIÈME LEÇON.

### *Mesurer les murs avec un mètre.*

**Nécessité d'une unité dans les mesures.**

Nous allons encore une fois mesurer la largeur de la chambre. (Je prends cette fois les plus petits enfants.) Combien d'enfants nous a-t-il fallu la dernière fois pour mesurer ce mur? — Les enfants se placent comme la fois précédente contre le mur. — Aujourd'hui il en faut un de plus. Comment cela se fait-il? Le mur a-t-il grandi? Non, mais on a pris de plus petits enfants, ils ont les bras moins longs. — Il faut donc toujours mesurer le mur avec des enfants de la même taille.

Avec quoi mesure-t-on les étoffes? Avec quoi le menuisier mesure-t-il ses planches? — Avec un mètre? — Le mètre a toujours la même longueur, que ce soit le mètre du menuisier ou celui du tailleur ou celui de votre maman.

Pour nous en assurer chaque enfant qui le pourra apportera la prochaine fois le mètre de sa maman ou celui de son papa et on verra s'ils ont tous la même longueur. Pourquoi faut-il que tous les mètres aient la même longueur?

Nous mesurons la longueur de nos murs avec le mètre en bois. Tous les enfants prennent part à ce travail.

## HUITIÈME LEÇON.

### *Construction, avec des briques, du plan de la chambre.*

Nous prenons une grande planche que nous posons sur la table. Nous voulons construire les murs de notre chambre avec nos petites briques. Chaque brique figurera un mètre. Nous ne construirons que la largeur et la profondeur ; pour la hauteur ce serait trop long et trop difficile, tout croulerait. Ce que nous ferons, ce sera simplement le plan de notre chambre. — Nous poserons les briques sur leur partie la plus étroite et la plus longue.

Combien de mètres de long avait le mur de droite? Combien faudra-t-il placer de briques? — Chaque enfant place une brique. Combien faudra-t-il de briques pour le mur du fond? — Combien pour le mur de droite? Pourquoi le même nombre que pour celui de gauche? — Nous allons marquer la place des portes et fenêtres en enlevant chaque fois une brique. — Pour mieux indiquer les portes et les fenêtres nous poserons à droite et à gauche de chaque ouverture une brique debout qui en marquera la hauteur.

*Remarque.* — Nous avons soin de mettre en dessous de chaque brique, avant de la placer, un peu de colle, afin que l'on puisse transporter le plan sans risquer de tout faire tomber.

### *Revision et dessin du plan de la chambre.*

Nous posons le plan construit sur la table. Nommer les murs. En dire la longueur. Montrer la largeur, la longueur de la chambre.

Une petite poupée en fils tirés va se promener dans la chambre que nous avons construite. « Jean, pose-la à l'endroit où se trouve le buffet. — Pierre pose-la à la place du piano, fais-la sortir par la porte, etc. »

Nous prenons maintenant une craie de couleur pour dessiner les contours de notre plan. Un enfant dessine le mur du fond en tirant une ligne tout du long des briques, laissant en blanc la place des portes et des fenêtres. Tout en traçant le plan, nous faisons une revision des leçons précédentes. — Nous arrachons une par une les briques. Que reste-t-il sur la planche ? Le dessin du plan. C'est un dessin comme en font les architectes.

Je distribue à chaque enfant une feuille de papier grand quadrillé préparé à l'avance. Un carré figure un mètre. Nous dessinons un mur après l'autre en commençant par nommer le nombre de mètres et en les marquant par des points sur la feuille ; ensuite nous tirons les lignes en ayant soin de laisser en blanc la place des portes et des fenêtres.

## NEUVIÈME LEÇON.

### *Les points cardinaux.*
### *Le levant, le couchant, le midi, le nord.*

Chaque enfant a son plan posé devant lui. Il fait bien attention que la porte de son plan soit du côté de la porte de la chambre, les fenêtres du côté des fenêtres. — Petite revision du plan.

A quelle fenêtre apercevons-nous le soleil en

arrivant le matin? Montrez cette même fenêtre sur votre plan. Du moment que le soleil se lève de ce côté, comment pourrions-nous appeler cette direction? — *Le Levant.* — Montrez le côté du levant sur votre plan. A cette place, nous allons dessiner un beau soleil jaune (Je distribue à chaque enfant un crayon jaune ; les enfants dessinent le soleil levant).

De quel côté le soleil se couche-t-il? — Comment appellerons-nous cette direction? — *Le Couchant.* — Montrez le couchant sur votre plan. Quelle couleur a souvent le soleil lorsqu'il se couche? Il est tout rouge. Nous dessinerons donc un soleil rouge sur notre plan.

Où se trouve le soleil à midi quand vous rentrez pour déjeuner? Ce côté sera *le Midi.* A midi, on ne peut pas regarder dans le soleil, il vous éblouit. Nous le dessinerons en blanc.

Il nous reste un côté de notre plan sur lequel nous n'avons pas dessiné de soleil. Pourquoi? — On ne voit jamais le soleil de ce côté ; c'est le *Nord.* Quand il fait chaud, nous ouvrons nos fenêtres du côté du nord pour avoir un peu de fraîcheur.

*Jeu* des quatre coins ou points cardinaux.

*Remarque.* — Si le jardin d'enfants comprend

toute une petite maison de construction simple, on pourra étendre le plan à toute la maison. On remarquera les endroits les plus importants, la cave, le grenier, les escaliers, etc., sans entrer dans les détails.

## Dixième leçon.

### *Trouver les points cardinaux en se promenant au dehors.*

On doit naturellement faire cette leçon d'après l'endroit où se trouve l'école. Si c'est en pleine ville, on fera le tour des rues avoisinantes en prenant comme points de repère soit les habitations des enfants eux-mêmes, soit la pharmacie, la mairie, la place du marché, la poste ou tout autre bâtiment important. Nous donnerons ici le plan de notre leçon comme elle a été faite à nos enfants.

Nous nous promenons dans la propriété.

De quel côté se trouve la ferme? Comment appelons-nous ce côté. C'est le Levant. La ferme se trouve donc au levant. — De quel côté se trouve le coteau? Au Nord. — Les trois sapins? Au Couchant. — De quel côté se trouve le village? Du côté du levant. Où se trouve la gare? Au couchant. Si nous voulons aller d'ici à la gare, nous marcherons du levant au couchant.

Nous visitons la ferme, le potager, la serre, et nous nous rendons compte pourquoi on a exposé la serre de telle façon, pourquoi la ferme est dans telle direction, pourquoi le jardinier cultive ses raisins plutôt contre un mur que contre un autre, etc.

## Onzième leçon.

### *Plan du chemin à suivre de l'école jusqu'à nos petits jardins. Plan des jardins.*

Nous faisons ensemble le trajet de l'école à nos petits jardins en remarquant bien chaque détour, chaque sentier à suivre, puis la direction dans laquelle se trouvent les jardins par rapport à l'école. Rentrés dans la salle, nous faisons d'abord notre plan avec des boîtes de cubes, des bouts de carton, etc., pour figurer les chemins, les bâtiments, le pont. Nous dessinons ensuite ce plan sur du papier en tâchant de bien marquer la longueur des parcours. — On peut aussi commencer par dresser le plan à l'aide de bâtonnets.

Dans ces leçons nous verrons à quel point les quelques notions de géométrie données aux enfants sont utiles. Ils trouveront tout de suite que le bâtiment de l'école a la forme d'un rectangle, les petits jardins la forme de carrés, etc.

Tableau Lecoultre.

LE VILLAGE.

Nous observerons ensuite la position du soleil, l'ombre que projette l'école sur nos jardins, l'heure la meilleure pour travailler au jardin, le moment où il faut arroser, etc.

## DOUZIÈME LEÇON.

### *Plan de la route conduisant de notre école à la mairie du village*[1].

Nous donnons ici le plan de la route à suivre de notre école jusqu'à la mairie. On peut, à volonté, dresser un plan semblable de la route conduisant à tout autre endroit important du village.

Nous voulons aller aujourd'hui visiter la mairie. Dans quelle direction faudra-t-il marcher ? Vers l'est. La mairie se trouve à l'est de l'école. — Nous marchons sous la charmille, passons près de la pièce d'eau, longeons toute l'allée de châtaigniers et arrivons enfin à la grande grille. En sortant nous trouvons à notre gauche le lavoir communal ; la première maison est celle du boulanger, à côté il y a le bureau de tabac. Nous passons ensuite devant la forge du maréchal ; plus haut à gauche une bottine suspendue au-dessus de la porte nous apprend que c'est là qu'habite le cordonnier ; puis voici, contre un mur, la boîte aux lettres. A l'entour sont les affiches de la commune. — Nous tournons maintenant un peu à

1. Voir leçon correspondante à l'appendice du présent chapitre.

droite, grimpons un chemin assez raide et nous nous trouvons en face de la mairie. En bas, il y a l'école ; la grande salle du haut sert pour les réunions du Conseil municipal, pour les mariages ; à côté habite l'instituteur.

En rentrant nous comptons les maisons, les fontaines, etc.

A l'école nous faisons le plan du chemin parcouru, moitié en briques, moitié en terre glaise.

Dans la leçon suivante, dessin ou plan sur papier quadrillé.

## Treizième leçon.

### *Plan du chemin de l'école à la gare*[1].

Aujourd'hui, nous allons à la gare porter un paquet. En sortant de la grille le village se trouve à l'est. Nous l'avons déjà parcouru dans tous les sens et nous en avons tracé le plan. La gare se trouve du côté opposé, à l'ouest. Nous nous dirigeons de l'est à l'ouest. Avant d'arriver à la gare, nous traversons un pont jeté sur le canal. Nous nous arrêtons un moment pour voir l'écluse. Un peu plus loin, un deuxième pont est jeté sur la rivière ; nous laissons tomber à l'eau un papier

1. Voir leçon correspondante à l'appendice du présent chapitre.

pour voir dans quelle direction coule l'eau : elle coule du sud au nord. — Nous voici arrivés à la gare. Les enfants remarquent tout de suite que les rails du chemin de fer vont également du sud au nord. — Pour aller à Paris on va vers le nord ; Paris est au nord de notre station. — Nous expédions notre paquet. — Nous traversons la voie et arrivons sur la grand' route qui se dirige également du sud au nord.

Au retour de cette promenade, chaque enfant trace le plan de la route allant à la gare, et commence à dessiner comme points de repère le soleil levant, le couchant, le nord, le sud.

## QUATORZIÈME LEÇON.

### *Sur les différents moyens de transport*[1].

Nous relions cette leçon à la leçon précédente : « Promenade de l'école à la gare ». Nous avons expédié un paquet à Paris ; il y avait encore à la gare d'autres colis, des gros et des petits, que l'on envoyait à des destinations différentes. Nous avons aussi vu ce jour-là passer un train de mar-

1. Nous rappelons ici qu'on peut toujours à l'aide de gravures heureusement choisies suppléer aux avantages que ne présenterait pas la contrée habitée.

chandises. Il y avait dans un wagon des bœufs, sur d'autres du bois, des tonneaux, du charbon, des tuiles, etc. Les enfants se souviennent d'une quantité de choses qu'ils ont vues, et ils savent qu'on les transporte parfois très loin, dans d'autres pays que la France.

N'y a-t-il que le chemin de fer pour transporter toutes ces marchandises ? Mais non, nous avons aussi vu passer sur le canal des bateaux chargés de bois et de charbon. — On transporte donc des marchandises par voie ferrée et par voie d'eau en se servant des canaux et des grands fleuves navigables.

Mais de l'autre côté de la voie ferrée nous avons vu la grand' route ; à quoi sert-elle ? Elle est construite pour les voitures ; c'est par là que passent les voitures de légumes qui vont au marché, les grosses voitures du moulin, la voiture du boucher quand il conduit la viande dans les petits villages. Quelquefois aussi on rencontre sur la route de grandes voitures de déménagement qui vont de Langres à Chaumont.

Nous répétons l'énumération de ces différents moyens de transport et, au moyen des bâtonnets, des boîtes de cubes et de briques, nous construisons une voie ferrée avec un train, un canal avec un bateau, la route avec une voiture.

## QUINZIÈME LEÇON.

***Un cours d'eau depuis sa source jusqu'à son embouchure (Présenté sous forme d'histoire).***

Tableau Lecoultre.

LA FORÊT.

Il y avait une fois une grande, grande forêt; dans cette grande forêt était un beau sapin, et tout près du sapin un rocher garni de mousse d'où sortait une petite source bien claire, bien fraîche.

Un jour un bûcheron qui avait travaillé toute la journée vint se reposer au pied du grand sapin. La petite source sautillait, clapotait, murmurait en jaillissant du rocher et ce bruit finit par endormir le bûcheron. Il rêva, oh quel joli rêve! qu'il était devenu la petite source, qu'il s'en allait comme elle dans le monde et qu'il comprenait tout ce que les petites gouttes d'eau racontaient. « C'est bon disaient-elles, de n'être plus prisonnières sous le rocher où il faisait si noir. Ici, quelle belle, quelle magnifique clarté ! Quelle mousse et quels beaux cailloux ! Comme nous allons être heureuses. Vite courons, sautons gaîment. » Et les voilà qui s'éloignent en formant un tout petit ruisseau.

La course est rapide jusqu'en bas de la colline. La source voudrait bien s'arrêter un peu, et jouir des jolies fleurs qui se mirent dans son eau et faire connaissance avec les jolis animaux des bois qui viennent à elle pour se désaltérer ; mais elle est devenue ruisseau et sa destinée est de couler, couler toujours. Elle est maintenant dans une belle prairie où beaucoup de vaches broutent l'herbe et les fleurs. Pour qu'on puisse aller d'un pré à l'autre sans se mouiller les pieds, on a jeté par-ci par-là, sur le chemin creux que suit la source, des planches solides.

Et les petites gouttes d'eau s'effrayent quand, pour la première fois, elles sentent quelque chose qui glisse rapidement sur leur dos, revient de nouveau près d'elles, puis passe et repasse encore avec une agilité extraordinaire. Cela, ce sont les petits poissons, les jolies truites qui aiment tant à vivre et à s'ébattre dans l'eau claire et fraîche.

La petite source qui sortait du rocher de la grande forêt, ne se reconnaît presque plus. Elle a grandi, elle est devenue forte, car beaucoup de petits ruisseaux sont venus joindre leurs eaux à la sienne. Elle ne craint plus de s'approcher du village. Mais quel est donc ce bruit nouveau, inconnu qu'entendent les gouttes d'eau : toc, toc, toc, sssssss ? Elles ont à peine le temps de regarder la roue de la scierie et celle du moulin qu'elles ne connaissaient pas encore, et bravement elles se jettent en avant, retombent sur les petits escaliers des roues et les font tourner. La rivière, car c'est une rivière maintenant, est très contente. Elle se voit grande et forte ; aussi veut-elle travailler beaucoup. Elle passe dans le lavoir du village, emporte toute la saleté du linge qui reste bien propre entre les mains des blanchisseuses, tandis que les gouttes d'eau s'en vont toutes pleines de savon. Mais heureusement, à force de courir, elles redeviennent vite transparentes.

C'est maintenant sous un grand pont un peu sombre que la rivière doit s'engager. Les petites gouttes d'eau entendent bien le roulement sourd des voitures qui passent au-dessus d'elles, mais elles n'ont plus peur, elles connaissent déjà tant de choses. Partout on a besoin de leurs services. On les retient dans les fabriques pour les faire travailler ; elles sont actives, laborieuses, font tout ce qu'elles peuvent ; elles font marcher les grandes roues, lavent les métaux ; les hommes sont contents de tant de services qu'elles leur rendent.

Un jour elles ont de nouveau bien peur, les petites gouttes d'eau, elles croient qu'elles sont perdues ; leur lit est devenu si large qu'elles ne pourront certainement plus trouver leur chemin. Leur frayeur heureusement ne dure pas longtemps. Allons, du courage ! Puisqu'elles forment à présent une très grande rivière, *un fleuve,* elles entreprendront des travaux très difficiles et porteront des fardeaux de plus en plus lourds, comme font ceux qui sont très forts.

Elles entrent dans une grande ville que vous

connaissez tous, la plus grande ville de France. Réunissant leurs forces, elles portent les grands bateaux chargés de marchandises de toutes sortes, de voyageurs venant à Paris pour travailler ou pour se promener ; elles passent le long de très grandes maisons qui sont des palais, elles vont dans de très grands lavoirs, dans de grands bains, dans de grandes usines ; elles passent sous de grands, grands ponts chargés de voitures et de personnes. Elles sont surtout bien étonnées, les petites gouttes d'eau, quand il leur faut se séparer les unes des autres parce qu'on a bâti des maisons au milieu de leur lit : elles ne pensaient pas qu'il y eût à Paris, des îles si grandes qu'on pût bâtir dessus de grandes maisons et une grande église.

Comme le travail dans la grande ville est fatigant pour les pauvres petites gouttes d'eau ! Comme elles voudraient revoir la belle forêt où elles sont nées ! Elles aimeraient de nouveau sauter et courir gaîment, mais impossible avec tous ces bateaux qui pèsent lourd, et tout ce travail. Elles n'avancent plus que lentement, lentement.

Enfin elles sortent de Paris, traversent de grandes plaines, revoient des arbres, de l'herbe verte en quantité, et peuvent se reposer un peu avant d'arriver dans d'autres villes où de nouveau elles doivent travailler beaucoup.

Tableau Lecoultre.

LE PORT DE MER.

Les petites gouttes d'eau se croient très, très importantes ; elles pensent qu'elles vont aller ainsi sans cesse de ville en ville. Mais un beau jour il leur arrive une aventure surprenante. Elles ont devant elles une masse d'eau beaucoup plus puissante qu'elles, et qui ne leur permet plus de couler serrées les unes contre les autres ? Il faut qu'elles se séparent, qu'elles quittent leurs compagnes de route, qu'elles s'habituent à marcher à côté d'autres gouttes d'eau, des gouttes d'eau salée, et qu'elles se mélangent avec elles. C'est bien fini cette fois, elles sont perdues dans l'immense Océan ; plus jamais elles ne courront sur les jolis cailloux couverts de mousse de leur enfance.

Les petites gouttes d'eau ne savaient pas encore tout, malgré leur long voyage. Quelle ne fut pas leur surprise, un jour qu'elles se promenaient à la surface de la mer, de se sentir transformées en une vapeur très légère et portées bien haut, bien haut dans le ciel par un gentil rayon de soleil, jusqu'au nuage qui partait pour la montagne. Et les voilà qui courent maintenant en l'air et plus vite que lorsqu'elles étaient cours d'eau.

Arrivé au terme de son voyage, le nuage laisse tomber les petites gouttes d'eau en pluie, et l'une d'elle, ô surprise ! vient s'aplatir sur le front de notre bûcheron qui se réveille en sursaut.

« Oh, oh ! fit-il, voilà les gouttes d'eau de mon rêve, il s'agit de rentrer avant l'averse. » Tout en s'acheminant vers sa cabane, il se promit de raconter à ses petits enfants le rêve qu'il avait fait au pied du grand sapin.

Et le soir même, pendant que la mère trempait la soupe, il prit les petits enfants sur ses genoux et leur conta son histoire.

## Seizième leçon.

### *Promenade le long d'un cours d'eau.*

*Remarque.* — Cette leçon se donne naturellement sous forme de causerie provoquée par les remarques et observations des enfants. Le professeur aura choisi d'avance l'endroit de la promenade qui offre le mieux matière à la leçon. On tâchera, autant que possible, d'avoir en vue une île, une presqu'île, peut-être une petite cascade. Déjà on aura vu une source et on l'aura expliquée.

Au cours de cette promenade, nous nous souviendrons de l'histoire du petit ruisseau. Nous verrons peut-être une femme en train de laver son linge au bord de l'eau, une barque avec un pêcheur à la ligne, etc. Les enfants feront toutes sortes de remarques.

Plus loin, au beau milieu de l'eau, nous voyons

une étendue de terre; cela fait comme une grande tache verte. Nous aimerions bien y aller ; mais comment ? On ne peut y aller à pied ; il faudrait pouvoir nager ou bien avoir une barque pour y arriver, car il y a de l'eau tout autour. On appelle cela une *île*. C'est une petite étendue de terre entourée d'eau de tous les côtés. Nous nous asseyons un instant vis-à-vis de la petite île. Il y pousse des arbres, mais il n'y a point de maisons ; il y a sûrement des oiseaux, peut-être des petites fourmis, des papillons, etc. Aurions-nous tous de la place sur cette petite île ? Pourrions-nous chacun y construire une maison avec étable, écurie, etc. Non, il faudrait qu'elle soit bien plus grande. Il existe de ces grandes îles sur lesquelles il y a des forêts, des montagnes, des sources, des rivières et où habitent beaucoup de personnes ; on y trouve même quelquefois de grandes villes avec des maisons en quantité. Il faut de grands bateaux, de grands vapeurs pour y aller.

Nous continuons notre promenade. Oh ! voici encore une île. Mais non, on peut y aller, c'est seulement presque une île ; elle n'est rattachée que par un petit morceau de terre à la terre ferme. Cela s'appelle *une presqu'île*.

## DIX-SEPTIÈME LEÇON.

### *Reproduction d'un petit cours d'eau.*

Nous prenons comme matériel de la terre glaise, des branches de sapin, des bouts de bois, du papier de chocolat pour imiter l'eau, etc.

Nous rappelons la promenade faite le long du cours d'eau. Nous parlons aussi de l'endroit où l'eau sort de la colline. Voici une planche sur laquelle nous allons d'abord dresser la colline au moyen de terre glaise. Deux enfants se mettent à pétrir la terre, tandis que d'autres préparent les petites branches d'arbres pour représenter la forêt. Deux autres enfants lissent du papier de chocolat pour figurer l'eau du ruisseau. Tout en travaillant, nous causons et les enfants proposent l'un de faire le lavoir, un autre le pont, un troisième une cascade, etc. Nous marquons la source, nous creusons dans la terre glaise le lit du petit ruisseau. Arrivé au bas de la colline, le ruisseau s'élargit, un petit pont est nécessaire pour le traverser : nous plaçons le petit pont fait par René. Des tapis de mousse, et voilà nos prairies. En guise de village, nous mettons sur la terre glaise les petites maisons de bois découpées et peintes que nous avons parmi nos jouets et nous piquons çà et là des arbres. Ensuite nous disposons le lavoir, puis la roue du moulin. Plus loin le ruisseau reçoit un petit affluent ; il grossit ; il a maintenant des îles, des presqu'îles : il faut une barque pour arriver à la petite île, une coquille de noix fera l'affaire. Nous construisons ainsi notre petit ruisseau jusqu'à la Marne où il se jette. Sur la Marne, il nous faut un plus grand pont et un plus grand bateau ; un enfant fabrique le bateau grâce à un pliage, un autre construit le pont et une écluse.

## Dix-huitième leçon.

***Dessiner le même cours d'eau sur du papier.***

Se servir des crayons de couleur et se rapprocher dans cette reproduction autant que possible d'une carte géographique.

Distribuer à chaque enfant un grand papier blanc. Nous commençons par indiquer les points cardinaux sur les bords de notre feuille, en y dessinant un rond jaune pour le soleil levant, un rouge pour le soleil couchant et un blanc pour le Midi. Nous marquons le village par un gros point noir, l'emplacement de l'école par un petit rectangle noir.

Derrière l'école s'élève la colline se prolongeant vers l'Ouest ; vis-à-vis une seconde colline s'étend également de l'Est à l'Ouest : nous les dessinons à droite et à gauche avec le crayon brun. Entre les deux collines s'étend la vallée dans laquelle coule notre petit ruisseau ; là tout n'est que prés et champs, nous les marquons au crayon vert. Nous avançons de l'Est à l'Ouest ; le chemin nous fait faire un petit détour en longeant la colline, et nous arrivons à V. Au milieu du village notre chemin est coupé par la Marne qui coule du Sud au Nord ; nous la traversons sur un pont. Un peu plus loin, nous rencontrons un deuxième pont jeté sur le canal. Puis nous arrivons à la gare. De l'autre côté de la voie nous trouvons la grande route départementale. Ces trois différentes voies de communication vont dans la même direction. Nous les dessinons : l'eau avec du crayon bleu, et, pour distinguer le canal de la rivière, nous ajoutons des points noirs le long de la ligne bleue ; les routes sont indiquées au crayon jaune et le chemin de fer en noir. Pour revenir, nous longeons en pensée la Marne et arrivons à l'endroit où elle reçoit notre petit ruisseau : cet endroit s'appelle le confluent. Nous traçons enfin le cours de notre petit ruisseau de la source jusqu'à la Marne.

Les enfants ajoutent ensuite au plan ce qui leur paraît intéressant à remarquer.

## Dix-neuvième leçon.

***Dessiner au tableau noir le plan de la leçon précédente avec de la craie de couleur.***

Nous posons un des plans finis sur le tableau noir et voyons que le Nord se trouve en haut, l'Est à droite, l'Ouest à gauche, le Sud en bas. Nous enlevons notre plan, et tous les enfants, l'un après l'autre, aident à le reproduire en grand au tableau.

Le plan fini, nous suspendons une carte d'Europe au tableau. Les enfants reconnaissent les îles, les presqu'îles, les villes, les rivières, les fleuves, les canaux, etc.

Nous leur apprenons que l'Europe est un continent, qu'il y a cinq continents. Nous leur disons que certaines montagnes sont si hautes et qu'il y fait si froid que leurs cimes sont éternellement couvertes de neige et de glace. Sur la carte, on les dessine en blanc ; nous trouvons sur notre carte d'Europe quelques cimes neigeuses.

Tableau Lecoultre.

LA MONTAGNE.

Nous montrons où se trouve la France, nous reconnaissons ses frontières, et racontons quelques détails importants sur sa situation en Europe, sa grande étendue de côtes, son climat varié, etc.

## Appendice.

Nous donnons ici, en plus, deux leçons d'orientation que nous avons faites dans un jardin d'enfants de grande ville.

### *Plan de la rue dans laquelle se trouve l'école.*

Nom de la rue, numéro de la maison.

Nous allons faire une courte promenade dans la rue où est située l'école ; nous la parcourons d'une extrémité à l'autre. Tout en marchant, nous remarquerons les endroits importants : l'arrêt du tramway, la boîte aux lettres, la pharmacie, etc. Nous compterons ensuite le nombre des maisons à droite et à gauche en remontant et en descendant la rue. Nous compterons également les becs de gaz.

Rentrés à l'école, nous construisons le plan de la rue au milieu de la table. Pour cela nous prenons les briques, chaque brique figure une maison ; nous posons d'abord la maison de l'école, puis tout le côté de la rue où se trouve l'école, ensuite le côté opposé. Nous plantons des bâtonnets verts et blancs dans de petites rondelles de terre glaise ; les bâtonnets blancs figurent les réverbères, les verts, les arbres ; le bâtonnet rouge signale l'arrêt du tramway. Nous figurons également les rails du tramway avec des bâtonnets, les trottoirs avec des briques posées à plat.

Le plan achevé, nous cherchons les directions Nord, Sud, Est et Ouest. Nous faisons une petite causerie sur le mouvement de la rue, les marchands, etc., la façon de marcher dans la rue sans crier, sans se bousculer, en regardant bien à droite et à gauche avant de traverser la rue.

Dans la leçon suivante nous dessinons le plan de la rue sur papier quadrillé.

### *Plan du quartier de l'école.*

On choisira un bâtiment ou une place publique comme but de promenade, et l'on suivra peu à peu toutes les rues avoisinant l'école jusqu'à cet endroit déterminé.

Nous prenons ici comme but et motif de notre promenade la place du marché et l'achat de plantes pour les petits jardins. En nous promenant sur la place du marché, nous nous rendons compte de la grande variété de marchandises réunies ce jour-là. Tout naturellement naissent les questions : d'où viennent ces marchandises et quels moyens emploie-t-on pour les amener jusque-là? — Elles seront l'occasion des leçons suivantes :

Différents moyens de transport.

I. — Par la voie ferrée (le chemin de fer).

II. — Par la voie d'eau (le canal, le fleuve).

III. — Par la route.

Nous suivrons une autre rue pour revenir de la place du marché à l'école en observant toujours en cours de route ce qui se trouve d'important sur notre passage. Par exemple, un bureau de poste, un poste de police, un croisement de rue, les boutiques du boulanger, de l'épicier, etc., devant aider à la construction du plan.

*Remarque.* — On peut comme but de promenade, prendre une usine, un grand magasin, toujours dans l'intention de provoquer dans l'esprit des enfants les leçons qui doivent suivre.

---

# VII

## PRÉPARATION A L' « HISTOIRE NATURELLE »

*Observation de la nature au cours des diverses saisons.*

### *Au printemps.*

Le soleil se lève plus tôt, se couche plus tard ; il est plus chaud. Résultats de ce phénomène. Les plantes se réveillent caressées par les chauds rayons du soleil qui pénètrent partout. Les hommes, les plantes, les animaux enlèvent leurs vêtements d'hiver, ils ont tous trop chaud. Plantes et animaux jettent leurs fourrures, leurs enveloppes. Les hommes les enferment dans des armoires, pourquoi ? Et pourquoi les plantes, les animaux n'ont-ils pas besoin de les conserver pour l'année suivante ?

*Observer les bourgeons,* faire *germer des graines.*

Voir couver une poule. La *chaleur* fait germer les semences et éclore les œufs. Pour les uns il faut la chaleur animale, pour les autres la chaleur naturelle du soleil.

Les *bulbes*. — De quoi se *nourrit* le poulet qui se développe et grandit dans l'œuf? De quoi se *nourrissent* les plantes bulbeuses, les perce-neige, les tulipes, crocus, jacinthes, etc. ? Elles ont une réserve de nourriture toujours avec elles, partout où elles se trouvent comme le poulet dans l'œuf. — Les pommes de terre, les carottes, les navets, etc., ont également une réserve de nourriture. Faire pousser une pomme de terre, une carotte, un navet sur une planche, Aller à la cave voir des pommes de terre qui ont germé. Ce sont de longs fils blancs, il y a quelques petites feuilles, mais elles sont toutes également blanches. Pourquoi ne sont-elles pas vertes comme celles des plantes qui poussent dehors? A la cave elles n'ont pas de *lumière*. Il faut donc à une plante de la chaleur et de la lumière pour pousser. Les petits enfants des villes ont aussi les joues toutes blanches, ils n'ont pas assez de lumière de soleil : il faut aux petits enfants comme aux plantes de la lumière pour pousser.

Que faut-il encore à un petit enfant outre la lumière et la chaleur pour qu'il devienne grand ?

Il faut qu'il mange. Les plantes se nourrissent. Le petit poulet aussi ; que mange-t-il quand il est sorti de l'œuf? Avec quoi prend-il sa nourriture? — Et la plante, pour qu'elle grandisse beaucoup on la met dans la terre ; les racines sont les petites bouches des plantes ; avec tous leurs petits fils, elles cherchent la nourriture qui est dans la terre. Qu'ont fait les petites graines que nous avons semées? Elles ont soulevé la terre avec leurs petites têtes et sont sorties de dessous. Pourquoi sortent-elles leurs têtes? Pourquoi ne pouvez-vous pas rester longtemps, longtemps la tête sous vos couvertures quand vous êtes dans vos lits? On ne peut pas respirer, il faut de l'air ; il faut aussi de l'air à la jeune plante. Voilà pourquoi elle ne reste pas sous la terre où il fait pourtant bon et chaud et où elle trouve de quoi manger. Avec quoi respirez-vous? Avec quoi respirent les plantes? Avec leurs feuilles. — Que faut-il à une plante pour vivre, pour grandir? De l'air, de la lumière, de la chaleur et de la nourriture.

Observer en particulier quelques fleurs printanières. Nommer les parties principales, racine, tige, feuilles, fleurs. Les feuilles sont vertes, les pétales qui font partie de la fleur sont de couleurs différentes. Quelles couleurs connaissez-vous?

Différentes formes de fleurs. Fleurs des prés,

des jardins, fleurs des arbres, fruitiers et autres. Retour des hirondelles et autres oiseaux migrateurs. Pourquoi les oiseaux construisent-ils des nids ? — On peut ensuite après ces quelques idées générales observer en particulier certaines plantes, certaines fleurs ou des animaux. Tout en travaillant dans les petits jardins, on fait encore beaucoup d'autres observations.

Tableau Lecoultre.

Les Jeux (Printemps).

## *En été.*

Le soleil est devenu de plus en plus chaud ; il brille plus longtemps. Les plantes ont soif, nous les arrosons. Pourquoi on ne les arrose pas en plein midi.

Tableau Lecoultre.

LA FENAISON.

Observer les fleurs, les transformations qu'elles subissent pour devenir des fruits. Tout en arrosant nos petits jardins, remarquer le va-et-vient des abeilles. Elles sont recouvertes d'une poussière jaune, le pollen ; en sortant des fleurs elles le transportent ainsi d'une fleur à l'autre et grâce à cela le fruit peut se former dans la fleur.

Observer les graines, les fruits, la fenaison, la moisson.

Action bienfaisante de la pluie après la chaleur. Les orages. Les feuilles des arbres et des arbres fruitiers en particulier. Pourquoi n'y a-t-il jamais autant d'ombre sous un arbre fruitier que sous un autre ? (la position des feuilles de ces arbres).

Récolte des petits pois, haricots, « fruits » à cosses.

Fruits à noyaux, fruits à pépins, fruits à coquilles.

### *En automne.*

Les fruits sont rentrés, les prés fauchés et les champs récoltés. Vaches et moutons vont paître dans les prairies. On rentre les pommes de terre, les betteraves, etc.

Le cultivateur laboure les champs, il sème. Que sème-t-il en automne? — Le vent se mêle aussi de ce travail, il sème, il souffle les chandelles du pissenlit et sème ces petites graines avec beaucoup d'autres encore. — Le vent secoue et fait tomber les feuilles des arbres : elles font un épais tapis et recouvrent toutes les plantes frileuses. Tout se prépare pour affronter le froid de l'hiver. Hommes, plantes et animaux se couvrent plus chaudement. Les hommes sortent leurs manteaux des armoires, les plantes s'abritent, les bourgeons s'enveloppent de petits manteaux bruns, s'enduisent de colle pour empêcher l'humidité de détruire leurs petites feuilles préparées déjà pour éclore au printemps. Les animaux se recouvrent d'une fourrure plus épaisse, les oiseaux migrateurs nous quittent. — Que font les écureuils, les fourmis, les abeilles pour avoir de quoi manger en hiver? — Les hommes n'ont-ils rien fait à l'approche de la mauvaise saison? Ils ont tout préparé pour passer l'hiver, ils se retirent maintenant dans leurs maisons bien chaudes. — Certains animaux, eux, se retirent dans la terre.

### *En hiver.*

Tout dort dans la nature. — Le petit ruisseau même ne murmure plus, il est caché sous une épaisse couche de glace. — Même la pluie ne vient plus taper contre nos vitres; elle est remplacée par la neige silencieuse. — Quelques plantes seules affrontent les rigueurs de l'hiver et ont gardé leur robe verte. Observer les sapins, les pins, le lierre, etc. Leurs feuilles ont durci et sont devenues d'un vert bien plus foncé, elles sont recouvertes comme d'une petite couche de cire. — Pourquoi?

## VIII

## PRÉPARATION AU « CALCUL »

*Remarques.* — Il est inutile d'apprendre aux enfants à compter avant qu'ils ne sachent calculer ; il faut avant tout leur apprendre à connaître la valeur des nombres. A cet effet on leur fera représenter chaque unité par un gros point.

un •

deux :

trois ⁖

Le professeur a toujours une tendance à avancer trop vite ; nous ferons remarquer que l'on ne perd pas de temps en avançant très lentement.

Les enfants apprendront à connaître à fond la première dizaine, la valeur de chaque nombre en faisant des additions, des soustractions, des multiplications, des divisions et quelques applications pratiques. Pour les dizaines suivantes, l'enfant ne se heurtera à aucune difficulté qui n'ait déjà été rencontrée et surmontée à l'occasion de données très simples. Chacun des exercices suivants sera l'objet d'autant de leçons qu'il sera nécessaire pour que l'enfant les possède parfaitement.

## Premier exercice.

### *Le nombre un.*

Nous avons *un* nez, *une* tête, *une* bouche.

Il y a *une* lampe dans notre chambre, *un* tableau noir.

Nommez les objets qui ne se trouvent qu'une fois dans la chambre...

*Travail pratique.* — Enfiler des perles, une rouge, une bleue, une rouge, une bleue, etc.

Au tissage, passer la bande une fois dessus, une fois dessous, etc.

*Écrire* (dessiner) dans chaque carré (maisonnette) d'une ardoise quadrillée blanche, un rond un point, etc.

• O • O • O • O • O

(Nous faisons le rond après le point pour isoler le point.)

## Deuxième exercice.

### *Le nombre deux.*

Nous avons deux yeux, deux oreilles, deux mains.

Il y a deux oiseaux dans la cage, deux armoires dans la chambre, deux portes.

Nommez les objets qui se trouvent au nombre de deux dans la chambre.

Un oiseau et encore un oiseau font combien d'oiseaux ?

Un crayon plus un crayon font combien de crayons ? — etc.

*Travail pratique.* — Enfiler des perles, deux perles rouges, deux bleues, ou tisser en passant la bande deux fois dessus et deux fois dessous.

*Écrire* le nombre deux : un point en haut, un en bas, isoler le nombre deux par deux petites lignes horizontales.

: = : = : = :

### *Deux, nombre pair.*

Louis, apporte la paire de sabots de Cécile... Combien Louis a-t-il apporté de sabots? — Deux. Deux sabots font combien de paires?— Une paire de gants font combien de gants? — Une paire de bas combien de bas? — René, dessine une paire de bas au tableau. Combien de bas René a-t-il dû dessiner?

*Travail pratique.* — Enfiler des perles, une paire de bleues, une paire de rouges, une paire de jaunes, etc.

Deux est un nombre pair.

### *Les signes « plus » et « égale ».*

Distribuer à chaque enfant une boîte à allumettes dans laquelle on aura mis deux petites rondelles de carton de couleur assez vive, tranchant avec la couleur de la table.

Connaissez-vous ces boîtes?

Secouez-les..... pouvez-vous deviner ce qu'on y a mis?

Ouvrez vos boîtes et sortez ce qui s'y trouve.

Qu'est-ce qu'il y avait dans votre boîte?

Combien de petits ronds?

Posez le nombre deux sur la table comme nous l'avons écrit précédemment dans nos cahiers....

Comment est fait le nombre deux ?

Un rond en haut et un en bas.

Un plus un font combien ?

Georges, dessine un petit rond au tableau.

Cécile, dessine encore un rond dessous...

Cela fait combien de petits ronds ?

Quel nombre avons-nous dessiné au tableau.

Deux est un nombre pair.

Un plus un font combien ?

Je veux écrire au tableau un plus un ; que faut-il d'abord dessiner ?...

Un petit rond.

Pour indiquer « plus » je fais une croix à côté du petit rond : +

Que faudra-t-il faire pour dessiner une croix ?

Une ligne verticale puis une horizontale par-dessus.

Que veut dire la croix ? Cela veut dire plus.

Plus un, nous faisons un second petit rond à côté de la croix.

• + •

Un plus un égale deux. Pour dessiner égale on fait deux petites lignes horizontales l'une sous l'autre : =

*Travail pratique.* — Dessinez dans vos cahiers

• + • = :

## TROISIÈME EXERCICE.

### *Entier et demi.*

Un entier se partage en deux moitiés ou deux demies.

*Modelage* avec de la terre glaise.

Une boule.

Chaque enfant a modelé une boule.

Voici une pomme, elle a à peu près la même forme que la boule. J'ai une pomme pour deux enfants, que faut-il que je fasse pour que chacun en ait un morceau.

Il faut la partager en deux moitiés.

Je la coupe en deux. — Combien cela fait-il de moitiés de pommes ou de demi-pommes? — Deux.

Une pomme entière fait deux demies.

Votre boule forme encore un entier. Nous allons partager notre boule en deux demies.

Les enfants coupent l'un après l'autre leur boule par le milieu. Chaque enfant a maintenant deux demies. Faites de nouveau un entier avec vos deux demies. Un entier fait combien de demies?

## QUATRIÈME EXERCICE.

### *Le nombre trois.*

*Addition, nombre impair.* — Distribuer les boîtes contenant les deux petites rondelles. Sortez vos rondelles et faites le deux.

Je donne à chaque enfant un troisième petit rond. Placez ce petit rond en haut à côté du deux ⁞ •. (Il est important, pour que l'enfant ait une notion très nette du nombre, d'indiquer toujours en haut à droite l'unité que l'on ajoute au nombre pair.)

Deux plus un font combien?

Un plus deux fait également combien?

Nous dessinons au tableau :

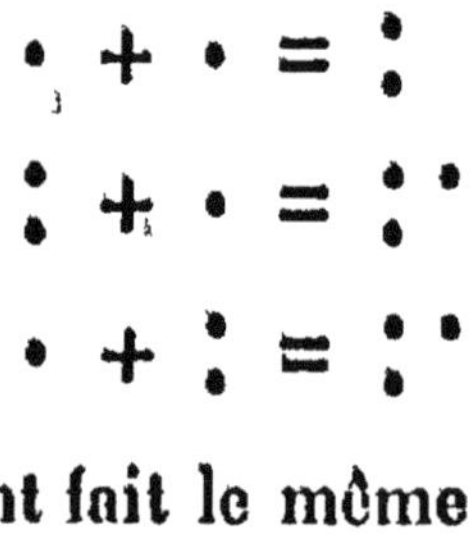

• + • = :

: + • = : •

• + : = : •

puis chaque enfant fait le même dessin dans son cahier.

*Calculs pratiques.* — Je donne une noix à Paul, René lui en donne encore deux; combien Paul a-t-il de noix?

Deux petits moineaux sautillent sur la fenêtre; il en arrive encore un; combien de moineaux y a-t-il sur la fenêtre?

Un plus un font deux.

Deux plus un font trois.

Un plus deux font trois.

Deux est un nombre pair.

Trois est un nombre impair puisqu'il y a un petit rond tout seul.

### *Le signe « moins ».*

*Soustraction.* — Voici trois pommes; je donne ces trois pommes à Pierre, René lui en prend une, combien en reste-t-il à Pierre?

Deux. Pierre a moins de pommes qu'avant. Combien en avait-il?

Trois moins un reste deux.

Je dessine trois petits ronds au tableau,

Pierre vient en effacer deux, combien en reste-t-il? — Combien Pierre a-t-il effacé de petits ronds? Deux.

Combien y en avait-il? — Trois.

Trois moins deux, reste? — Un.

Je dessine de nouveau deux petits ronds au tableau. Combien cela fait-il? — Trois.

Un plus deux font trois.

Quel dessin avons-nous fait pour dessiner le signe « plus »? — Une croix.

Nous voulons dessiner cette fois-ci le signe « moins ».

Pour dessiner « moins », on fait une petite ligne horizontale.

Pierre, dessine trois petits ronds au tableau.

Nous voulons calculer trois moins deux, comment dessinerons-nous trois moins deux? D'abord un trois, à côté le signe *moins*, puis le nombre deux.

:˙ − : = ·

Dessinez dans vos cahiers.

:˙ − : = ·

: − · = ·

:: − · = :

*Addition et soustraction.* — Se servir des petites rondelles en carton. Posez le trois sur la table.

Trois moins un, — que faut-il que vous fassiez?

Cachez le un qui est tout seul.

Il en reste? — Deux.

Combien font trois moins un? Répétez toute la phrase. Trois moins un, reste deux (Le un est caché sous une main de l'enfant). Combien voyez-vous de petits ronds devant vous? — Deux.

Deux plus un; levez la main, font combien? — Trois.

Calculer ainsi, en posant et en levant la main, jusqu'à ce que les enfants ne se trompent plus.

Ensuite calculer sans cacher les ronds avec la main.

Puis en fermant les yeux.

Quelques calculs pratiques :

Sur un arbre il y a trois pommes, il en tombe une, combien en reste-t-il sur l'arbre?

Dans une cour il y a deux poules; il en arrive encore une, combien y a-t-il de poules dans la cour?

Travail par écrit.

: + · =

⁖ − : =

: − · =

· + : =

⁖ − · =

Ces données sont inscrites au tableau, les enfants les transcrivent sur leurs cahiers et d'eux-mêmes y ajoutent le résultat des opérations.

## Cinquième exercice.

### *Le nombre quatre.*

Distribuer les petites boîtes de rondelles. Posez le trois... ⁚·

Combien de paires avez-vous ?

Une paire, et un tout seul.

Voici un quatrième petit rond.

Posez-le sous le troisième petit rond qui est tout seul en haut... ∷

Combien de petits ronds avez-vous ?

Combien cela fait-il de paires ?

Quatre est un nombre pair.

Addition et soustraction avec le nombre quatre comme avec trois.

Quelques calculs pratiques, puis dessiner dans les cahiers des quatre en les séparant par une ligne horizontale.

∷ = ∷ = ∷

## SIXIÈME EXERCICE.

### *Un entier fait quatre quarts.*

J'ai une belle pomme rouge et voudrais la partager entre les quatre petits. Combien de morceaux faudra-t-il que je coupe pour que chacun en ait un?

Il faut couper quatre petits morceaux.

Que faut-il que je fasse d'abord afin que chaque part soit égale?

Il faut que je coupe la pomme par le milieu.

Combien ai-je de moitiés maintenant? — Deux.

Un entier a combien de demies?

Que faut-il que je fasse maintenant?

Encore une fois, couper les deux moitiés par le milieu.

Combien de morceaux ai-je? — Quatre. J'ai coupé la pomme en quatre quarts. Combien de quarts y a-t-il dans une pomme entière? — Quatre quarts. Je refais un entier avec mes quatre quarts puis je donne la pomme coupée aux quatre petits qui la mangent.

Je distribue à chaque enfant un carré de pliage. Nous voulons faire de ce carré quatre quarts.

Pliez votre carré une fois, deux fois. Ouvrez-le.

Je distribue à chaque enfant une paire de ciseaux et ils découpent leur quatre petits carrés formés dans le grand.

Combien avez-vous de quarts ? — Quatre.

Replacez vos quatre quarts de manière à n'en former plus qu'un carré.

Combien y a-t-il de quarts dans un entier ? — Réponse en une petite phrase. Nous colorions chaque quart d'une couleur différente, nous les posons en forme d'étoile et les réunissons ensuite de nouveau en un grand carré, un entier.

## Septième exercice.

### *Le nombre cinq.*

Je distribue les boites d'allumettes contenant les quatre petites rondelles.

Posez le quatre... : :

Combien cela fait-il de paires ?

Voici un cinquième petit rond.

Placez-le à droite de la rangée du haut.

Combien de paires cela fait-il ?

Deux paires et un tout seul : : : ·

Quatre plus un font combien ?

Cinq est un nombre impair.

Le nombre cinq est posé devant chaque enfant. Nous le décomposons en :

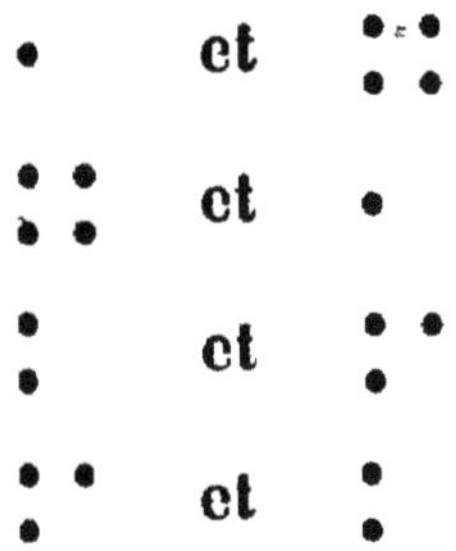

• et ∷

∷ et •

: et :·

:· et :

*Addition*. — Combien font deux plus deux? — quatre plus un? — trois plus deux? etc.

*Écrire* dans les cahiers :

∷· ∷· ∷·

Quelques calculs pratiques.

J'ai deux noix, Pierre m'en donne encore trois, combien de noix ai-je maintenant? etc.

### *Cinq est un nombre impair*[1].

∷ est un nombre pair

:· est un nombre impair

: est un nombre pair

1. Au commencement de chaque leçon faire une revision rapide des précédents exercices.

Que veut dire ce signe — ?... moins.

Que faut-il que je fasse quand je dis :

⁘ – :

— Il faut enlever deux de cinq.

Faire à l'aide des ronds de carton des soustractions :

Premièrement, en cachant certains ronds avec la main.

Deuxièmement, en ne cachant rien,

Troisièmement, en fermant les yeux.

Quelques calculs pratiques.

Pierre à cinq sous, il en perd deux, combien en reste-t-il ?

Trois canards se tiennent au bord de l'eau, un canard saute dans l'eau, combien en reste-t-il au bord ?

*Remarque.* — Lorsque les enfants connaissent bien à fond les nombres jusqu'à cinq, ils commencent à dessiner dans leurs cahiers les chiffres habituels mais toujours à la suite du nombre en points, par exemple :

• 1 • 1 • 1 puis 2 : 2 : 2 etc.

## HUITIÈME EXERCICE.

### *Le nombre six.*

Ici on supprime l'emploi des rondelles de carton.

Je dessine au tableau cinq gros points. Nous répétons ce qui a été vu précédemment.

: est un nombre pair.

:· — impair ; pourquoi ?

(Parce qu'il en reste un tout seul en haut.)

:: est un nombre pair, etc.

Le cinq est composé de :

· et ::

:: et ·

: et :·

:· et :

Calculez combien font :

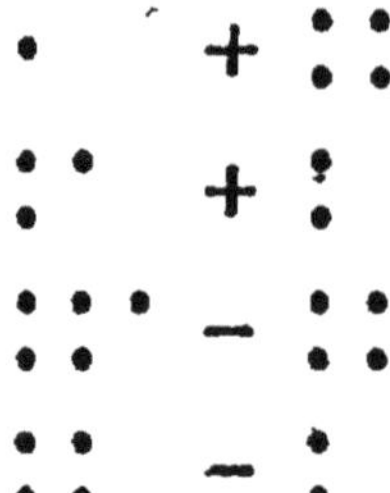

Calculs pratiques. Paul va chez son oncle qui lui donne deux sous, sa tante lui en donne encore deux ; il achète un crayon pour un sou ; combien lui reste-t-il de sous ? etc.

J'ajoute maintenant au tableau un sixième point. Six est un nombre pair.

Combien de paires y a-t-il dans six ?

Trois paires.

Dessinez le six dans vos cahiers ?

Un en haut, un en bas, un en haut, un en bas, et ainsi de suite jusqu'au six ; puis dessinez le signe correspondant :

### *Introduction de la multiplication.*

Un enfant dessine six gros points au tableau. Nous répétons l'addition et la soustraction jusqu'à six.

Les enfants tâchent peu à peu de calculer sans regarder les petits ronds au tableau.

Combien font 2 plus 2 plus 2?

Combien y a-t-il de paires dans six?

Quand je dis 2 plus 2 plus 2, combien de fois ai-je dit deux?

Trois fois.

Ce serait plus simple alors de dire *trois fois deux,* au lieu de : *deux, plus deux, plus deux.*

Combien font trois fois deux?

Combien font deux fois deux?

Comment dessinons-nous plus?

Comment dessinons-nous moins?

Je vais vous montrer comment on dessine *fois.* On fait tout simplement un point de croix, comme celui que nous brodons : X, une oblique à droite, par-dessus une oblique à gauche.

Quand j'écris au tableau

$$3 \times 2 =$$

cela veut dire qu'il faut prendre trois fois le deux.

Dessinez dans vos cahiers

$$1 \times 1 =$$
$$1 \times 2 =$$
$$2 \times 2 =$$
$$3 \times 2 =$$

Dessinez dans vos vahiers

$$1 + 3 =$$
$$5 - 2 =$$
$$2 \times 2 =$$
$$1 + 5 = \text{etc.}$$

Écrivez les résultats.

## NEUVIÈME EXERCICE.

### *Le nombre sept.*

Revision du nombre six, avec quelques calculs pratiques.

Paul et Pierre jouent aux billes. Paul gagne d'abord 2 billes puis encore 4, il en perd de nouveau 3. Combien lui en reste-t-il ?

Pour son goûter on donne à Louis trois fois deux noix. Combien de noix a-t-il ? etc.

Nous dessinons six gros points au tableau, j'en ajoute un septième.

Ceci est le nombre sept.

Nous décomposons le sept en :

6 et 1 ⁘⁘ et •

1 et 6 • et ⁘⁘

5 et 2 ∶∶˙ et ∶

2 et 5 ∶ et ∶∶˙

Écrivez dans vos cahiers :

∶∶˙ 7 ∶∶˙ 7 ∶∶˙ 7

*Addition, soustraction, multiplication jusqu'à sept, avec quelques calculs pratiques.*

Exemples. J'ai sept sous et je vais acheter deux sous de pain et un cahier d'un sou. Combien me reste-t-il de sous ?

Nous cherchons au poulailler des œufs ; il y a trois nids, dans chaque nid deux œufs. Combien avons-nous d'œufs en tout ? etc.

Copiez au tableau et écrivez dans vos cahiers le résultat.

$7 - 6 =$
$3 \times 2 =$
$2 + 5 =$
$1 + 6 =$ etc.

## Dixième exercice.

### *Le nombre huit.*

Revision du nombre sept.

Combien de paires dans sept?

Je décompose le sept en 1 et 6.

6 et 1 etc.

Un enfant dessine le 7 au tableau. J'ajoute un huitième point, huit est un nombre pair. Combien de paires y a-t-il dans le huit?

Donc quatre fois deux font?

On remarquera qu'ici les enfants font des divisions sans le savoir. Mais la difficulté pour eux serait trop grande d'indiquer une division; il est préférable de n'en parler vraiment qu'après le dix.

Écrivez le huit dans vos cahiers :

## Onzième exercice.

***Un entier contient huit huitièmes.***

Nous prenons nos petites boîtes de briques (don).

Il est préférable de faire cette leçon à l'aide des briques parce que les 8 parties sont visibles sur une même face.

Quelle forme a cette boîte?

Elle a la forme d'un cube.

Pour sortir les briques nous renversons la boîte,

nous retirons par en dessous le couvercle, puis nous soulevons la boîte vide.

Nous avons de nouveau la forme d'un cube devant nous.

Ce cube est divisé en plusieurs petites parties que l'on a sciées.

Nous le séparons d'abord en deux moitiés. Un entier a combien de moitiés? — Nous séparons encore une fois chaque moitié par le milieu. Combien de parties avons-nous maintenant?

Quatre parties. Chacune de ces parties est un quart du cube entier. Un entier a combien de quarts? — Réponse en une phrase entière. — Séparez encore une fois chaque petit quart par le milieu. Combien de petites parties avez-vous maintenant? — Huit parties. Chacune de ces petites parties est un huitième du cube entier. Un entier a combien de huitièmes? — Un entier a huit huitièmes.

Un entier a combien de demis?
— quarts?
— huitièmes?

Les leçons sur les 1/2, les 1/4, les 1/8 ne présentent pas pour les enfants une vraie difficulté. On en trouve de si fréquentes applications dans les dons et occupations Frœbel que les enfants se familiarisent sans aucune peine avec ces notions.

## Douzième exercice.

### *Le nombre neuf.*

Dessiner au tableau huit gros points.

Revision du nombre 8 sous toutes les formes que nous connaissons.

: : : : huit est un nombre pair

: : : · sept est un nombre impair

: : : six est un nombre pair

: : · cinq est un nombre impair

. . . . . . . . . . . . . . . . etc.

J'ajoute un neuvième point : : : : : ·

Ceci est le nombre neuf.

9 est un nombre impair.

Dessinez dans vos cahiers le nombre 9.

: : : : · 9 : : : : · 9 : : : : · 9

Dessiner le neuf au tableau.

Addition, soustraction et multiplication jusqu'à neuf.

Quelques exercices pratiques.

## TREIZIÈME EXERCICE.

### *Le nombre dix.*

Nous dessinons neuf gros points au tableau. J'en ajoute un dixième : : : : :

Ceci est le nombre dix.

Neuf plus un font dix.

Dix est un nombre pair.

Je décompose le dix en :

• et ⁙⁙

⁙⁙ et •

: et : : : :

: : : : et :

. . . . . . etc.

Combien y a-t-il de paires dans 10 ?

Combien font cinq plus cinq ?

$1 \times 2 =$

$2 \times 2 =$

$3 \times 2 =$

$4 \times 2 =$

$5 \times 2 =$

Je dessine le cinq de cette manière au tableau :

C'est une étoile, nous en avons souvent fait en mosaïque.

Je dessine à côté une seconde étoile :

Cinq plus cinq font combien ?

Nous dessinons le dix.

Pour *dessiner* dix, nous faisons deux groupes de cinq avec deux étoiles.

Pour *écrire* le dix il faut également deux signes, deux groupes.

Nous écrivons un 1 et un 0, — 10.

Dessinez dans vos cahiers.

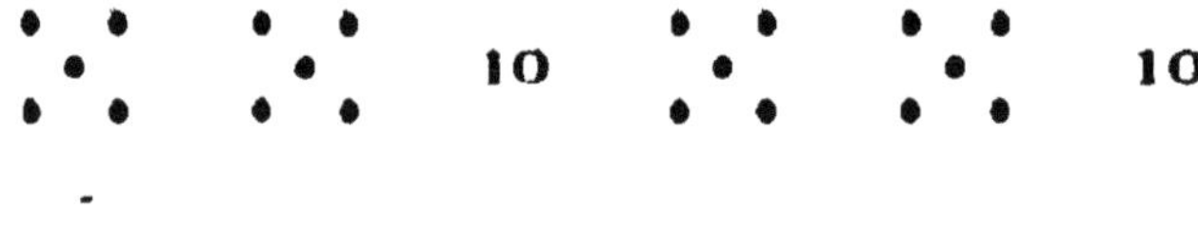


## QUATORZIÈME EXERCICE.

### *Le nombre dix (suite).*

Nous prenons le boulier. Voici une rangée de dix boules.

C'est une dizaine.
Le dix est composé de —.
(Je recule à mesure une boule à l'autre bout.)

| | | | |
|---|---|---|---|
| • • • • • • • • • | • | 1 et 9 | 9 et 1 |
| • • • • • • • • | • • | 2 et 8 | 8 et 2 |
| • • • • • • • | • • • | 3 et 7 | 7 et 3 |
| • • • • • • | • • • • | 4 et 6 | 6 et 4 |
| • • • • • | • • • • • | 5 et 5 | 5 et 5. |

Calculer. Addition, soustraction, multiplication jusqu'à dix.

RF

## IX

# EXERCICES PRÉPARATOIRES A LA « LECTURE »

La méthode phonétique est celle qui répond le mieux à la préparation générale du Jardin d'enfants ; du moins c'est celle dont nous nous sommes servis avec succès. Mais le Jardin d'enfants n'enseigne pas la lecture, qui s'apprend à l'école. Il prépare seulement les enfants à apprendre à lire vite et sans peine, quelle que soit la méthode employée à l'école.

Les premiers exercices sont les mêmes que ceux préparatoires à la musique (voir plus haut pages 77-78) : la marche rythmée, les différents sons des instruments de l'orchestre. Marcher en marquant la première mesure, soit en frappant du pied, soit en tapant dans les mains. Au bout de quelque temps de ces exercices répétés, l'enfant pourra distinguer très bien les sons et pourra marquer le rythme avec un instrument de l'orchestre : tambour, cymbales, tambourin, castagnettes ou triangle.

Ensuite on fera distinguer des sons.

Je frappe sur la table. Qu'entendez-vous ? — Du bruit. On appelle cela un son. Je frappe une note au piano. C'est également un son. Je dis a c'est aussi un son. Je touche do puis mi. Combien de sons avez-vous entendus ? — Deux. Les enfants chantent les deux sons do et mi : a — a. Nous allons dire deux sons avec notre bouche : bbb a. Je joue do et mi en frappant presque en même temps les deux notes. Combien de sons avez-vous entendus à la fois ? — Deux. Pouvons-nous dire en même temps bbb et a ? — Oui, ba.

Combien de sons disons-nous en même temps ? Deux.

Quel est le premier, quel est le second ? — Dites-les ensemble. Ba. Vous savez ce que c'est qu'un bas. C'est un mot. Nous allons faire des devinettes. Dire des mots à deux sons, les décomposer, les recomposer.

Lorsque les mots à deux sons n'offriront plus de sérieuse difficulté, on prendra des mots à trois, puis à quatre sons, en donnant chaque fois la leçon d'introduction sur les sons avec le piano.

## X

## EXERCICES PRÉPARATOIRES A L' « ÉCRITURE »

Grâce à l'emploi de la méthode que nous venons d'esquisser dans l'exercice précédent, les enfants apprennent à lire rapidement et sans beaucoup de peine. Il nous a semblé nécessaire de leur alléger de même l'apprentissage de l'écriture en utilisant pour l'écriture les notions élémentaires de géométrie et de dessin données dans le Jardin d'enfants. Nous estimons d'ailleurs nécessaire de mener de front les exercices préparatoires à l'écriture et les exercices préparatoires à la lecture.

*Remarques.* — Dans l'application que nous faisons du dessin et des notions de géométrie à l'écriture, il ne faut avancer que lentement et sûrement. On ne doit jamais passer à un nouvel exercice avant que l'enfant ait acquis une sûreté et une assurance complète dans le précédent.

S'il y a des enfants qui montrent plus de facilité à exécuter ces devoirs, il faut exiger d'eux une plus grande précision et une plus grande netteté dans l'exécution.

Faire d'abord chaque exercice sur les ardoises blanches quadrillées et ensuite, comme récompense, au crayon dans des cahiers à quadrillé simple de un centimètre carré. Il faut un quadrillé simple car d'autres lignes ne font qu'embrouiller les enfants.

Après les exercices préparatoires et en passant à l'écriture proprement dite, on remplacera le cahier quadrillé par un cahier avec des lignes simples mais plus distantes que celles des cahiers ordinaires. Les enfants ayant acquis par la géométrie le sens de ce qui est grand ou petit, n'auront nul besoin des doubles lignes.

## Premier exercice.

*Courtes lignes horizontales*

(le long d'un carré).

—— —— - - - —— —— ——.. —— -

## DEUXIÈME EXERCICE.

Lignes horizontales, une courte, une longue (un carré, deux carrés).

## TROISIÈME EXERCICE.

*Les petits soldats*
(hauteur d'un carré).

## QUATRIÈME EXERCICE.

Un grand soldat, un petit soldat.

## CINQUIÈME EXERCICE.

*Lignes obliques*
(en montant de gauche à droite pour préparer les déliés).

## Sixième exercice.

*Obliques*

(une longue, une courte).

## Septième exercice.

*Les tuiles* (la moitié d'un ovale).

Faire une bordure de plates-bandes[1].

## Huitième exercice.

*Trois tuiles réunies.*

1. Les enfants ont moins de difficulté à faire une série de signes qu'un seul ; d'où l'ordre adopté dans nos exercices.

## NEUVIÈME EXERCICE.

*Deux tuiles réunies.*

## DIXIÈME EXERCICE.

Une seule tuile (pour la formation du *v*).

## ONZIÈME EXERCICE.

*Le fer à cheval.*

Causerie sur les chevaux et le maréchal.

Dessin d'un fer à cheval au tableau.

Les enfants dessinent plusieurs fers à cheval réunis.

## DOUZIÈME EXERCICE.

Deux fers à cheval.

## TREIZIÈME EXERCICE.

*Un* fer à cheval.

## QUATORZIÈME EXERCICE.

Les peupliers.

Faire voir une allée de peupliers aux enfants : les conduire en promenade le long d'un cours d'eau bordé de peupliers.

Causerie sur la forme du peuplier.

Dessiner une série de peupliers.

## Quinzième exercice.

*Un* peuplier isolé.

l l l l l

## Seizième exercice.

Les petits peupliers.

eeeeeeeeeeee

## Dix-septième exercice.

Un seul.

e e e e e

## Dix-huitième exercice.

Une série de grands et petits peupliers.

lelelelelelele

### DIX-NEUVIÈME EXERCICE.

Un grand, un petit peuplier.

*le le le le*

### VINGTIÈME EXERCICE.

Série de peupliers qui se reflètent dans l'eau.

*llllllllllll*

### VINGT ET UNIÈME EXERCICE.

Un seul peuplier
(deux carrés l'un sous l'autre).

*f f f f f*

### VINGT-DEUXIÈME EXERCICE.

Un petit peuplier en l'air, un grand dans l'eau.

*ejejejejejejej*

### VINGT-TROISIÈME EXERCICE.

*je je je je*

### VINGT-QUATRIÈME EXERCICE.

Nous arrivons ici à notre première lettre, le *t*, qui ressemble au grand soldat.

# XI

## « DONS » ET « OCCUPATIONS » FRŒBEL

### PREMIER DON.

La balle.

*Matériel.* — Des balles en laine. Toutes les couleurs de l'arc-en-ciel.

I. — La balle retenue par un fil.

Balancer la balle à droite, à gauche, en avant, en arrière, devant, derrière : jeux appropriés.

II. — La balle libre.

*a*) Balle tenue dans les deux mains passée d'un enfant à l'autre.

Balle tenue dans une main passée d'un enfant à l'autre.

*b*) Balle posée sur une surface, faire glisser la balle, rouler la balle.

III. — Balle libre dans l'espace.

*a*) Lancer la balle en l'air, la rattraper ;

*b*) Lancer la balle contre le mur ;

*c*) Lancer la balle par terre ;

*d*) Lancer la balle d'un enfant à l'autre ;

*e*) Ronde avec plusieurs balles.

Les jeux de balle sont presque toujours accompagnés de chants appropriés.

## Deuxième Don.

La sphère, le cylindre, le cube.

Le deuxième don est tiré du premier.

On s'en sert surtout en géométrie.

1° *La sphère* a une surface ronde ; elle roule.

2° *Le cube* a des surfaces planes, des arêtes, des angles, il est stable sur toutes ses faces.

3° *Le cylindre* a deux surfaces planes et une courbe ; il roule, il est stable sur 2 faces. Il forme un intermédiaire entre la sphère et le cube.

## Troisième Don.

La boîte du troisième don renferme huit petits cubes de bois.

Ce don et le suivant sont très employés dans la construction des « suites » ayant pour but de développer l'esprit de méthode chez les enfants. Nous ne donnerons qu'une énumération succincte des suites, un stage pratique étant toujours nécessaire pour bien employer la méthode Frœbel.

### *Les « Suites ».*

| *Première Suite.* | *Deuxième Suite.* | *Troisième Suite.* |
|---|---|---|
| table | table | table |
| cuisinière | long mur | long mur |
| fauteuil | église | plancher |
| 2 petites chaises | château | une poutre courte |
| lit | horloge | une poutre longue |
| locomotive | haut mur | écurie |
| long mur | 2 colonnes | fontaine |
| église | poêle | cheminée |
| haut mur | pont | guérite de soldat |
| table | table | mairie |
| | | table |

Chaque forme tirée de la précédente doit être obtenue par un mouvement ou deux.

## Quatrième Don.

Boîte renfermant huit briques.

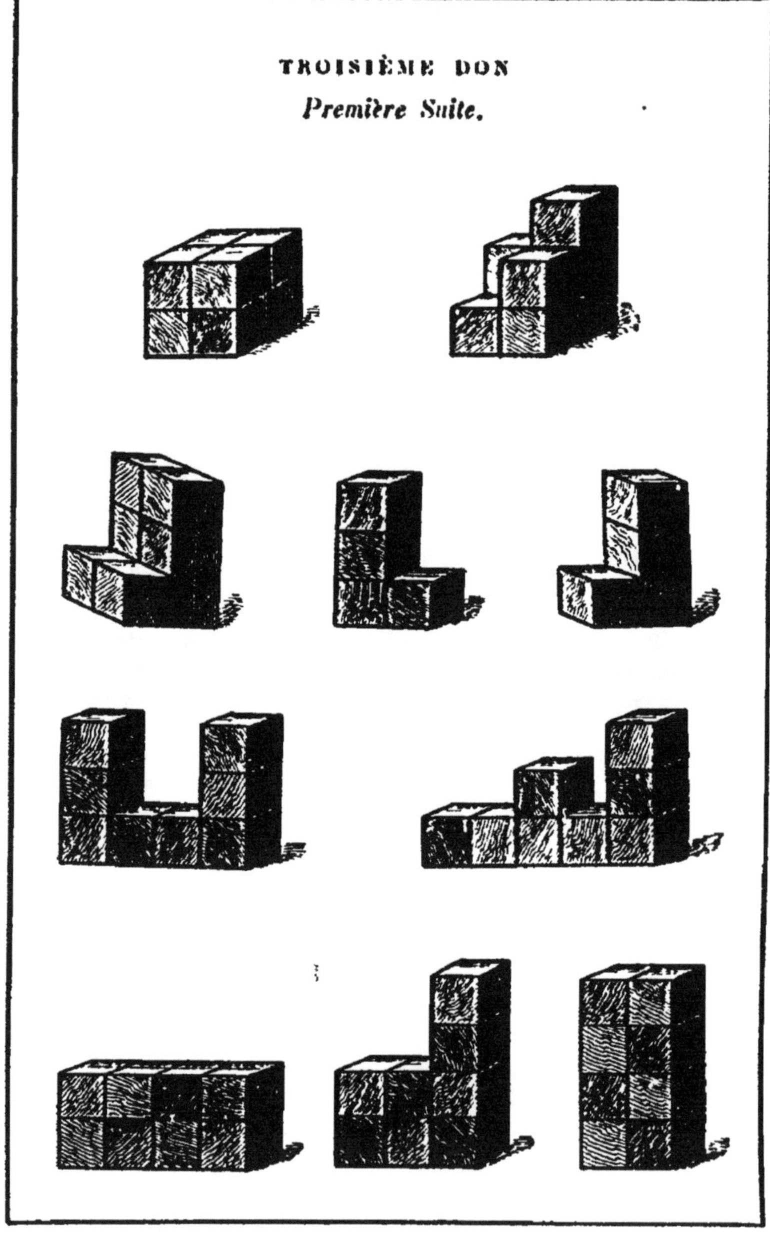

TROISIÈME DON

*Première Suite.*

## *Les Suites.*

| *Première Suite.* | *Deuxième Suite.* | *Troisième Suite.* |
|---|---|---|
| — | — | — |
| les briques debout | briques couchées en long | briques couchées à plat |
| table | table | table |
| buffet | village | plancher |
| soldats | jeu de quilles | 2 rues |
| portail | écurie | rue avec trottoir au milieu |
| pigeonnier | pont | mur bas |
| gloriette | rue | haut mur |
| tunnel | long mur | mur avec porte |
| 2 fenêtres | carrefour | escalier tournant |
| long mur | chevaux de bois | commode |
| table | table | piano |
| | | table |

Il ne faut jamais construire une suite d'une façon mécanique.

Afin d'intéresser les enfants à toutes les formes obtenues et de les leur rendre captivantes, on les agrémente :

1° Par du matériel de jeu (sable, coquillages, poupées en fil tiré ou en papier, etc.).

2° En racontant une histoire.

3° En accompagnant la construction d'une chanson ou d'une récitation de poésie.

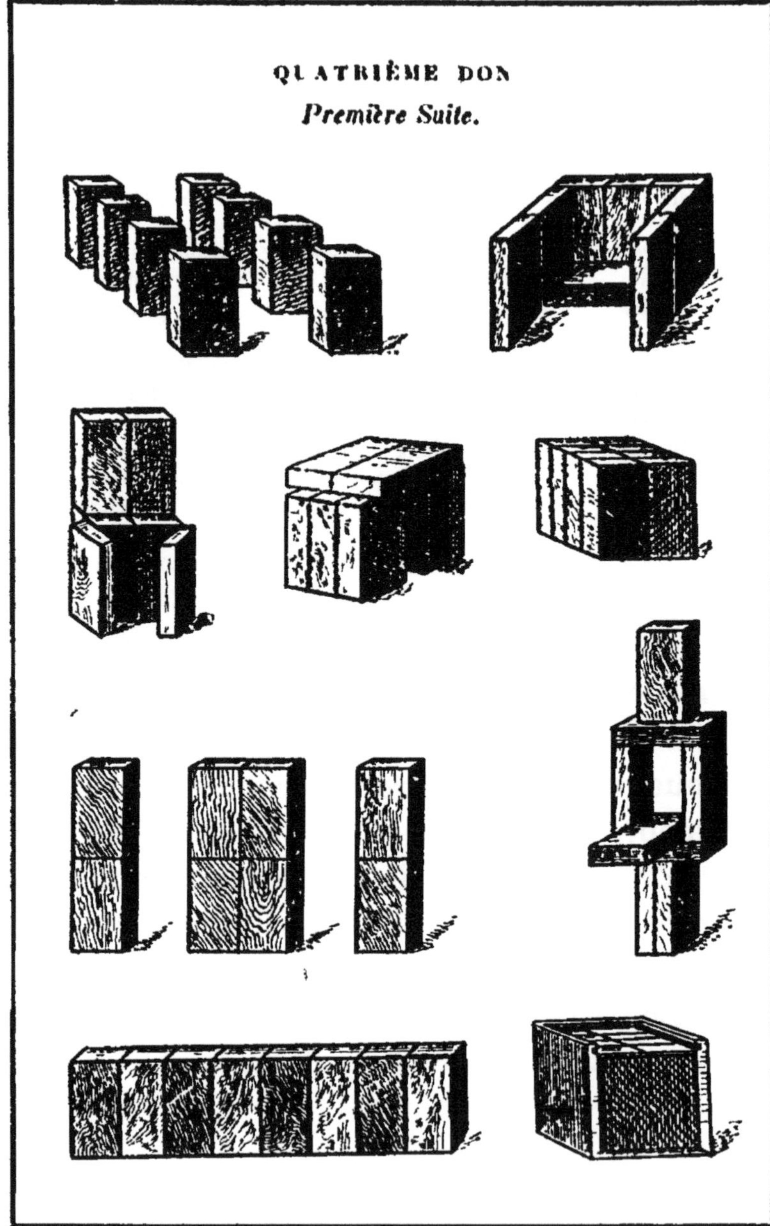

QUATRIÈME DON
*Première Suite.*

## Cinquième Don.

Cubes et triangles.

## Sixième Don.

Briques, colonnes, carrés.

Aux « dons » proprement dits il faut ajouter les « Occupations Frœbel » dont quelques-unes sont très usitées.

### *Première occupation. — Pliage.*

| *Première Suite.* | *Deuxième Suite.* | *Troisième Suite.* |
|---|---|---|
| 1. Livre. | 1. Petite lettre. | 1. Livre. |
| 2. Mouchoir. | 2. Cerf-volant. | 2. Armoire. |
| 3. Fichu. | 3. Chauve-souris. | 3. Niche. |
| 4. Niche à chien. | 4. Poisson. | 4. Tremplin. |
| 5. Bateau à voile. | 5. Moulin à vent. | 5. Gare. |
| 6. Maison. | 6. Pochette à cigares. | 6. Tasse. |
| 7. Enveloppe. | 7. Bateau double. | 7. Maison avec jardin. |
| 8. Grande lettre. | 8. Bateau dragueur. | 8. Sofa. |
| 9. Petit bateau à voile. | 9. Caisse. | 9 Bateau double. |
| 10. Petite maison. | 10. Cadre. | 10. Crèche. |
| 11. Petite enveloppe. | 11. Glace. | 11. Linge. |
| 12. Petite lettre. | 12. Gondole. | 12. Petit cochon. |

Pour les occupations suivantes il n'y a pas de « Suites » proprement dites.

*Deuxième.* — Les bâtonnets : appliqués à la géométrie et au dessin.

*Troisième.* — Le tissage : appliqué au dessin et au calcul, il développe l'adresse.

*Quatrième.* — Les perles : appliquées au calcul.

*Cinquième.* — Les mosaïques : appliquées à la géométrie et au dessin.

*Sixième.* — Le modelage : permettant d'illustrer l'idée centrale.

*Septième.* — La couture : sur papier toile, facilitant les notions de géométrie.

*Huitième.* — Le découpage libre : développant le goût du dessin.

*Neuvième.* — Le piquage : appliqué au dessin. Très amusant pour les enfants mais un peu fatigant pour la vue.

*Dixième.* — Le coton mouillé, qui disposé sur une ardoise prend si facilement les formes les plus variées.

Quelques remarques importantes sont à faire au sujet des occupations Frœbel.

Toutes doivent être dirigées vers un but utile à l'enfant. Son tissage bien fait servira par exemple à confectionner un panier pour la récolte des premières cerises ou des fraises de son jardin ; des perles bien enfilées se transformeront en collier pour la poupée ou en anneau de serviette pour la fête de sa maman : on modèlera un arrosoir lorsqu'on aura arrosé pour la première fois les semences du jardin, etc.

Si pour une raison d'économie on réemploie le matériel, il faudra prendre garde de ne pas défaire l'ouvrage devant l'enfant. Son travail doit être respecté si on ne veut pas voir diminuer son zèle.

---

## XII

## CONCLUSION

L'enfant qui aura passé par le jardin d'enfants et aura rempli le programme donné dans notre Manuel, se trouvera, comme nous le disions au début, tout naturellement amené à prendre place à l'école. Il ne sera nullement dépaysé et aura sur ses camarades le grand avantage de posséder très à fond toute une série de notions générales.

Il aura de plus appris à observer par lui-même, à voir, à entendre, à toucher ce qui l'entoure; à comparer, à réfléchir, à former son jugement. Il aura ainsi rempli le programme que traçait Frœbel: L'enfant doit être pour chacun des degrés de son développement, ce que ce degré exige qu'il soit. C'est ainsi que tout degré procède du degré précédent... Ce n'est qu'en satisfaisant complètement aux exigences d'un degré de développement antérieur que l'homme peut se flatter d'atteindre au développement complet du degré suivant.

---

## TABLE DES MATIÈRES



CHARTRES. — IMPRIMERIE DURAND, RUE FULBERT.

*LIBRAIRIE ARMAND COLIN, r. de Mézières, 5, PARIS*

ÉCOLES MATERNELLES
ÉCOLES PRIMAIRES (Classes élémentaires)
LYCÉES ET COLLÈGES (Classes enfantines)

# LES PREMIERS PAS A L'ÉCOLE

**12 Tableaux muraux — 1 Livre de la Maîtresse**
**12 Images à colorier**

TABLEAUX MURAUX

12 Tableaux muraux (87c × 61c), tirés en couleur, d'après les peintures à l'huile de Ruty :

| | |
|---|---|
| *LA VENDANGE* | *LA MER* |
| *LES SEMAILLES — LE FEU* | *LA FERME — LA MOISSON* |
| *L'HIVER — LA MAISON* | *LE MOULIN — LA FORÊT* |
| *LA RIVIÈRE* | *LA FAMILLE* |

Chaque tableau tiré en chromolithographie : sur papier fort. 2 25
— sur carton bordé toile et œilleté.......... 2 75

(Les frais d'envoi des Tableaux sont à la charge du destinataire).

LIVRE DE LA MAITRESSE

Plans de Leçons et Exercices d'après les *Tableaux Ruty*, par M. Alf. Hue, inspecteur primaire :

Un volume in-4° de 350 pages, *700 gravures*, cart. .... 4 »

IMAGES A COLORIER

12 Images à colorier (14c sur 9c 1/2), dessinées d'après les *Tableaux-Ruty*, et réunies dans une pochette :

La pochette de 12 images. » 30
(*Affranchissement : en sus*, 10 cent.)

Envoi *franco* du Prospectus donnant les réductions des *12 Tableaux-Ruty*.

(Nº 808).

LIBRAIRIE ARMAND COLIN
Rue de Mézières, 5, PARIS

# PUBLICATIONS PÉDAGOGIQUES

P. 9810.

# DIVISIONS DE CE CATALOGUE

## Enseignement :



## Bibliothèque des Maîtres :



BF

*Tous les ouvrages compris dans ce Catalogue sont expédiés* **franco** *au prix marqué, contre envoi de leur montant en un mandat postal à l'adresse suivante :* Librairie Armand Colin, 5, rue de Mézières, Paris, 6e. Les droits de douane et les frais de recommandation sont à la charge du destinataire.

*Nos publications sont en vente* chez tous les libraires.

= LIBRAIRIE ARMAND COLIN =

Rue de Mézières, 5, PARIS

P. 9810.

# PUBLICATIONS PÉDAGOGIQUES

## ENSEIGNEMENT PRIMAIRE

**Manuel du "Jardin d'Enfants"**, par Mlle **E. Brandt**, directrice du *Jardin d'Enfants* de Thivet (H[te]-Marne). In-18, br. **2 fr.**

Mlle Brandt, élève diplômée du Pestalozzi-Frœbel Haus de Berlin et directrice d'un « Jardin d'enfants », a condensé dans ce *Manuel* le fruit de son expérience personnelle. Elle offre à ses lectrices de précieuses directions et des exemples pratiques d'enseignement; elle organise des leçons de choses de façon à les faire concourir au développement graduel de l'enfant, elle propose des façons d'aborder avec les tout-petits la géométrie, la géographie, le calcul, sans les rebuter. Non seulement les institutrices, mais encore les mères trouveront joie et profit à lire cet ouvrage et à s'en inspirer.

---

**Mon Filleul au " Jardin d'Enfants "** par M. **Félix Klein.**

**I. Comment il s'instruit.** Un vol. in-18, *illustré*, br. . . **3 fr. 50**
**II. Comment il s'élève.** Un vol. in-18, *illustré*, br. . . **3 fr. 50**

« Au Jardin d'Enfants, l'enfant s'instruit au contact immédiat des réalités; il satisfait en même temps son désir de connaître et de comprendre, son besoin de remuer et de jouer; il en sort " nourri d'expérience plutôt que d'instruction ". Quels sont les avantages de cette méthode? Quels en sont les procédés? M. Félix Klein nous les expose dans ce livre clair, vivant et charmant. » (*Revue de Paris.*)

Dans le second volume, il ne s'agit plus de savoir ce qu'on peut enseigner à un enfant de quatre à six ans, mais comment, dans un âge si tendre, on favorisera chez lui l'éclosion de la vie morale. Les problèmes ardus qu'entraîne un pareil sujet, M. Klein cherche à les résoudre plutôt par l'observation que par théories abstraites. Sans doute il aborde la discussion des châtiments, des récompenses, de l'émulation, de l'initiative, et il le fait en partisan décidé de la discipline, surtout intérieure; mais ordinairement ses idées ne nous apparaissent qu'à travers le récit, simple et exprès naïf, des faits qu'il a observés, en se faisant, de longs mois, le compagnon assidu des petits d'un " Jardin d'Enfants ".

---

**L'Éducation de la petite Enfance** (*Écoles maternelles et enfantines*), par Mme **Jeanne Girard**, inspectrice des Écoles maternelles de la Seine. Un volume in-18, broché. . . . . . . **3 fr.**

Ce volume pourrait s'intituler « L'École heureuse ». On y demande, pour les enfants pauvres qui fréquentent les écoles maternelles, la lumière, la bonté, la joie, la liberté de vivre en enfants. Les instituteurs et les mères de famille y trouveront de précieux préceptes d'éducation.

**Les Enfants anormaux.** *Guide pour l'admission des Enfants anormaux dans les Écoles de Perfectionnement*, par MM. **A. Binet**, directeur du Laboratoire de Psychologie à la Sorbonne, et le docteur **Th. Simon**, médecin assistant au Bureau d'admission à l'Asile Clinique (Ste-Anne). Un vol. in-18 jésus, broché . . 2 fr.

« Dans ce volume très documenté, MM. Binet et Simon établissent d'après des règles fort nettes les signes qui caractérisent l'anormal. Ils montrent quel doit être le rôle de l'instituteur, de l'inspecteur primaire, du médecin dans le dépistage de l'anomalie et dans sa cure. Ils cherchent à fixer le rendement scolaire et le rendement social des écoles d'anormaux. »
(Édouard Petit. — *Journal des Instituteurs.*)

---

**L'Enseignement de la Langue française :** *Ce qu'il est, ce qu'il devrait être dans l'Enseignement primaire*, par M. **F. Brunot**, professeur à la Sorbonne (Cours de Méthodologie professé à la Sorbonne en 1908-1909, recueilli par M. **N. Bony**, inspecteur de l'Enseignement primaire). Un vol. in-18 (2e Édition), br. . . 2 fr.

Le savant historien de la langue française pose avec netteté le principe qui doit régir l'enseignement du français à l'école : « Apprendre la langue, non la grammaire ». Puis il marque l'importance de l'étude du vocabulaire et expose les principes d'une méthode tout inductive, fondée sur l'observation. Il indique enfin la valeur éducative d'un enseignement de la langue ainsi compris.

---

**De l'Enseignement du Français,** par M. **E. Bouchendhomme**, inspecteur de l'Ens. primaire. Un vol. in-18, br. 2 fr.

Cet ouvrage est divisé en 4 parties : *Grammaire et Analyse, Orthographe, Lecture expliquée, Composition française.* L'auteur préconise la méthode active, celle qui établit une réelle coopération de l'élève et du maître ; il préconise une méthode inductive, obligeant l'enfant à partir des faits qu'il connaît, à les observer avec soin pour trouver ce qu'on veut lui enseigner.

---

**L'Enseignement de l'Histoire à l'École primaire,** par M. **Ernest Lavisse**. Une brochure in-18. . . . . . . . 50 cent.

Cette étude (extraite du volume *Questions d'Enseignement national*, actuellement épuisé), a été inscrite sur la liste des auteurs à expliquer à l'examen du Certificat d'Aptitude à l'Inspection primaire pour 1913-1915.

---

**Traité de Pédagogie scolaire,** précédé d'un *Cours élémentaire de Psychologie appliquée à l'éducation* et suivi de *Notions d'Administration scolaire*, par MM. **I. Carré**, inspecteur général, et **Roger Liquier**, directeur d'École normale. Un volume in-18 jésus (12e Édition, à jour), broché . . . . . . . . . . . . . . . 4 fr.

« Cet admirable *Traité de Pédagogie scolaire* est l'ouvrage le plus important de pédagogie pratique qui ait été écrit depuis Vessiot. Jamais on n'était entré dans un tel détail de la pratique de l'enseignement et jamais on n'avait apporté, pour résoudre les difficultés auxquelles un maître se heurte à chaque instant, des solutions aussi efficaces, aussi sûres. C'est l'ouvrage qui reflète le mieux l'école moderne. »
(*Le Maître pratique.*)

**Les Meilleures pages des Écrivains pédagogiques,** *de Rabelais au XX^e^ siècle.* Extraits avec un Avant-propos et des Notes par MM. **E. Parisot**, docteur ès lettres, et **F. Henry**, directeur d'École normale. Préface de M. **Jules Payot**, recteur de l'Académie d'Aix. Un vol. in-18 (3e ÉDITION), broché. . . . 3 fr.

« Le livre de MM. Parisot et Henry est à la fois un bon instrument de travail et un agréable recueil de lectures. Sur chaque chapitre de pédagogie on y trouvera les morceaux essentiels qu'il faut avoir lus, et d'autres aussi dont la variété même excitera la réflexion personnelle. »
(CH. CHABOT. — *Revue Pédagogique.*)

---

**Directions pédagogiques,** à l'usage des Candidats au *Certificat d'aptitude pédagogique*, par M. **L. Gau**, inspecteur de l'Enseignement primaire. In-18 jésus, broché . . . . . . . . 1 fr. 25

Les Institutrices et les Instituteurs stagiaires trouveront dans cet ouvrage une méthode de travail et des conseils pratiques pour la préparation de leur examen. Les jeunes maîtres auront sous la main des conseils précis, réunis et classés en un guide pratique.

---

**Mémento du Certificat d'aptitude pédagogique,** par M. **J. Trabuc**, inspecteur de l'Enseignement primaire. Un volume in-18 jésus (6e ÉDITION, à jour), broché. . . . . . . . . . 3 fr.

« Cet ouvrage renferme des conseils et des directions pratiques sur la manière de traiter par écrit une question de pédagogie ou d'éducation, quelques vues d'ensemble sur l'épreuve orale et une série de questions relatives à cette épreuve. Ce sera certainement un guide précieux pour tous les candidats. »
(*Bulletin de l'Association des anciens élèves de l'École normale de la Seine.*)

---

**Aux Instituteurs et aux Institutrices** (*Avant d'entrer dans la vie*) : conseils et directions pratiques, par M. **Jules Payot**. Un volume in-18 jésus (8e ÉDITION), broché. . . . . . . . . 3 fr. 50

« Le livre de M. Jules Payot respire l'allégresse et le courage. Il prend le jeune maître à la sortie de l'École normale, il l'installe dans l'école, il le met en relations avec son directeur et assiste à sa première classe ; il lui enseigne le secret de l'autorité, règle le ton de sa voix ; il le plie, il le rompt à la pratique des méthodes actives ; puis il l'accompagne dans les divers actes de sa vie publique et de sa vie privée et, avec le même sens pratique, examine son rôle dans les grandes questions du temps présent... *Aux Instituteurs et aux Institutrices* est un livre d'action. » (DARLU. — *Revue pédagogique.*)

---

**Les Propos de M. Boneuil :** *Questions d'enseignement et d'éducation*, par M. **Charles ab der Halden**, directeur de l'École Normale d'Instituteurs d'Alger. Un vol. in-18, broché. . . 3 fr.

D'une plume alerte, tantôt ironique, tantôt émue, toujours spirituelle, M. Ch. ab der Halden a écrit ces *Propos de M. Boneuil* où sont abordés les problèmes d'éducation les plus actuels. Sous une forme fantaisiste et attrayante, ces histoires — car ce sont des histoires — attestent une expérience avertie, un profond amour de l'école et une confiance immuable dans l'œuvre de l'éducateur.

**Les Idées de M. Bourru** (*Délégué cantonal*), par M. **Jules Payot**, agrégé de philosophie, docteur ès lettres, recteur de l'Académie d'Aix. Un vol. in-18 (4e Édition), broché. . 3 fr. 50

M. Jules Payot a réuni dans ce volume une série d'entretiens familiers sur les vérités essentielles de la pédagogie. Rarement cette science a été présentée avec autant de bonne humeur et de malice. Sous une forme charmante, toute pleine de bonhomie, on trouve de suggestifs conseils et mille recettes pédagogiques *vécues*.

---

**L'Institutrice.** *Conseils pratiques*, par Mlle **Sagnier**, directrice d'École normale, avec une préface de **J. Steeg**. Un volume in-18 jésus (6e Édition), broché. . . . . . . . . . . . . . . . . 1 fr. 50

« Voici un petit volume qui se recommande de lui-même... Il repose sur un fond de solide moralité, il est pénétré d'un haut sentiment de la noblesse et de la dignité de la femme, de la mission de l'institutrice et de la place qu'elle doit se faire dans notre pays, de la confiance, de la sympathie, et du respect qu'elle doit inspirer à tous. » (Jules Steeg.)

---

**La Correspondance administrative de l'Instituteur.** *Directions et modèles*, par M. **A. François**, directeur d'École normale. In-18 jésus (6e Édition), broché. . . . . . . . . 1 fr.

M. François a résumé dans ce volume les directions les plus propres à guider les jeunes instituteurs dans les diverses occasions où ils auront à écrire à leurs supérieurs. Pour donner plus de précision et de valeur à son travail, l'auteur y a joint quelques lettres, rapports et mémoires sur des objets ayant trait à la vie même de l'instituteur.

---

**Répertoire analytique, alphabétique et chronologique** (*jusqu'en 1898*) **de la Législation et de la Jurisprudence de l'Instruction primaire**, par MM. **J. Bouffez**, inspecteur de l'Enseignement primaire, et **W. Marie-Cardine**, ancien inspecteur d'Académie. Un volume in-18, broché. . . . . . . . . . 2 fr. 75
Relié toile. . . . . . . . . . . . 3 fr. 50

Pour se reconnaître au milieu du dédale des lois, arrêtés, circulaires, etc., adoptés, abrogés, modifiés, il faut un guide sûr qui permette de trouver promptement les textes à consulter. C'est ce guide clair, méthodique, exact, que MM. Bouffez et Marie-Cardine offrent aux nombreux intéressés.

---

**Législation financière de l'Instruction primaire publique :** *Traitements et Indemnités du personnel*, par MM. **J. Fortemps**, sous-chef de bureau au Ministère de l'Instruction publique, et **Le Veilleur**, du journal *Le Volume*, directeur honoraire d'école à Paris. Préface de M. **Louis Gobron**, docteur en droit, chef de bureau au Ministère de l'Instruction publique. Un volume in-8° carré, broché . . . . . . . . . . . . . 2 fr. 50

Il n'existait ni livre ni brochure donnant le texte exact de la *loi de 1889-1893*, tel qu'il résulte des lois de finances des Exercices *1903 à 1906* inclusivement. Les auteurs ont su mettre en lumière les points qu'il importait.

**Agenda de l'Enseignement** (29e Année). Cartonné. 1 fr. 25

Ce « carnet de préparation », qui répond à la circulaire ministérielle du 14 octobre 1881, est destiné à recevoir les notes que les maîtres prennent avant la classe, sur les textes, les exemples, les exercices qu'ils comptent donner.

**Annuaire de l'Enseignement primaire**, fondé par M. **Jost**, publié sous la direction de M. **Félix Martel**, inspecteur général de l'Instruction publique. Un volume in-18, broché. . . . 3 fr.

(29 années parues, 1885 à 1913. — L'année 1885, exceptionnellement, *net* 10 fr.)

« A côté des renseignements pratiques dont l'utilité est appréciée par tous les membres de l'enseignement, nous trouvons dans cet *Annuaire* des articles de haute valeur dont la lecture sera profitable à tous, et signés des noms les plus connus... » (*Après l'École.*)

**" Le Volume "**, *Journal des Instituteurs et des Institutrices* (25e Année), paraissant tous les samedis, sous la direction de M. **Jules Payot**.

Abonnement annuel (du 1er de chaque mois)

Franco et Colonies. . . . . . . . 6 fr. | Union postale. . . . . . . . . . 7 fr.

Le numéro . . . . . . . . 15 cent.

*Le Volume* est le journal pédagogique qui répond le plus exactement aux besoins présents de notre enseignement laïque et franchement démocratique. Son programme consiste : 1° à donner aux Maîtres les éléments pouvant leur permettre de préparer une classe intéressante, et de la préparer vite et bien ; 2° à les mettre à même de remplir leur mission d'éducateurs dans toutes les œuvres post-scolaires et de jouer un rôle de *conseil* auprès des adultes.

## ENSEIGNEMENT POST-SCOLAIRE

**Littérature et Conférences populaires**, par M. **Paul Crouzet**, professeur au collège Rollin. In-16, br. . . 1 fr.

« Tous ceux que préoccupe la grande question de l'éducation populaire, tous ceux qui devront faire une conférence devant un auditoire populaire se trouveront bien d'avoir parcouru ce petit traité et réfléchi avec l'auteur. » (G. Lanson. — *Revue Universitaire.*)

**Pour bien lire et bien réciter**, par M. **Jean Blaize**. Un volume in-18, illustré de 24 gravures, relié toile. . . . 2 fr.

Émission de la voix. — Articulation. — Prononciation correcte. — Diction expressive. — Comment apprendre par cœur. — Maintien et gestes.

**Pour monter et jouer une pièce**, en Famille, à l'École, dans les Sociétés, dans le Monde, par **Jean Blaize**. In-8°, *illustré*, relié toile, 2 fr. 10 ; — broché. . . . . . . . . . . . 1 fr. 50

La Pièce. — La Troupe. — L'Étude. — La Scène. — Les Décors — Les Répétitions. — La Tête. — Le Costume. — La Représentation.

**L'Art de dire** *dans la Lecture et la Récitation, dans la Causerie et le Discours*, par M. **Jean Blaize**. In-18 (4ᵉ ÉDITION), br. 3 fr. 50
Relié toile . . . . . . 4 fr. 50

« Le mouvement post-scolaire a suscité une légion de conférenciers, et ils seraient plus nombreux encore si beaucoup ne craignaient que leurs forces et leur habileté ne fussent pas à la hauteur de leur bon vouloir. C'est pour engager ces hésitants à triompher de leurs défiances, et aussi pour permettre aux autres d'être plus sûrs d'eux-mêmes, que M. Jean Blaize a écrit ce livre... A accepter et à suivre ce guide qui s'offre à nous, nous pouvons tous trouver notre profit. » (*Revue pédagogique.*)

---

**Récits à dire** *et Comment les dire*, par M. **Jean Blaize**. Un vol. in-18 jésus (3ᵉ ÉDITION), broché. . . . . . . . . . . . . . . . 4 fr.

Conseils de diction. — Récits extraits de : Chénier, Chateaubriand, Balzac, Flaubert, Michelet, Lamartine, Alf. de Musset, Victor Hugo, Renan, Taine, Guyau, Alph. Daudet, Em. Zola, Edgar Poë, Gogol, Korolenko, Tolstoï, P. Hervieu, H. Rosny, J. Renard, Sully Prudhomme, Catulle Mendès, Fr. Coppée, J. Richepin, A. Theuriet, M. Bouchor, Alb. Samain, etc. (Chaque texte est étudié au point de vue de la ponctuation orale, des liaisons, des inflexions, du ton, du mouvement, de l'expression, du sentiment.) — Liste d'environ deux cents autres récits. — Dictionnaire de prononciation, etc.

---

*Les plus belles histoires à lire ou à faire lire aux Enfants*, par M. **Maurice Bouchor** :

**Contes d'après la Tradition française.** Un volume in-16, illustré, relié toile bleue, 1 fr. 65 ; broché. . . . . . . . . . . . . 1 fr. 25

**Contes d'après la Tradition populaire de divers pays de l'Europe.** Un volume in-16 illustré, rel. toile orange. 2 fr. ; br. . 1 fr. 50

« C'est une œuvre pré-scolaire, pourrait-on dire, qu'a entreprise M. Maurice Bouchor : ces petits livres, où il a recueilli les plus beaux contes populaires, avec autant de piété pour la tradition que de tendresse pour l'enfance, deviendront vite « les premiers livres » des écoliers de demain.

« Le nom de l'auteur est une garantie suffisante du soin scrupuleux avec lequel le texte a été établi et du tact avec lequel ont été faites les adaptations. » (*La Revue de Paris.*)

---

**Théâtre de famille** : *Les petits chefs-d'œuvre oubliés*, adaptés par M. **Guéchot**. Un volume in-8ᵉ écu, broché. . . . . 1 fr. 50
Relié toile . . . . . . 2 fr. 10

*La foire aux fées* (Lesage). — *Les oreilles frites* ; — *Monsieur Sans-Gêne* (Désaugiers). — *La guérison de Pierrot* ; — *A chacun ses peines* ; — *Un brave* ; — *Qui casse les verres les paye* (Ourliac).

---

**Théâtre pour les jeunes filles**, par M. **Maurice Bouchor**. Un vol. in-18 (3ᵉ ÉDITION), (*voir page 12*), broché. . . . . 3 fr. 50
Relié toile . . . . . . . . . . . . . . . . . . 4 fr. 50

**Théâtre du Petit Chaperon Rouge,** par M. **Maurice Bouchor.** Un vol. in-18, relié toile, 4 fr. 50; broché. . . 3 fr. 50

*Blancheneige et Rosevermeille. — Le Nez du Roi. — Dans le Jardin. — A la Cuisine.*

---

**On frappe les trois coups :** *Saynètes et monologues,* par **Roger Dombre.** Un volume in-18, rel. toile, 4 fr. 50; br. 3 fr. 50

Le recueil de saynètes et de monologues que vient de publier Roger Dombre, dont on connaît la verve toujours si pleine de bon sens, satisfera les plus difficiles. Les diverses pièces qui composent ce recueil feront la joie des jeunes interprètes et du public familial réuni pour les entendre.

---

## ENSEIGNEMENT SECONDAIRE

**La Réforme de l'Enseignement secondaire,** par M. **A. Ribot,** de l'Académie française, sénateur. In-18, br. 3 fr. 50

« C'est une étude magistrale, aussi frappante par la clarté de l'exposition et la sévère beauté de la forme que par la sûreté, la précision et la richesse de l'information. C'est plus qu'un rapport, c'est un livre de haute pédagogie appelé à prendre place à côté des beaux rapports, devenus de beaux livres, de M. Gréard. »

(*Le Temps.*)

---

**La Réforme de l'Enseignement par la Philosophie,** par M. **Alfred Fouillée,** de l'Institut. Un vol in-18, br. . 3 fr.

« Cet ouvrage de M. Fouillée est de ceux qui nécessiteraient une longue analyse et une discussion détaillée, tant il abonde en idées originales et neuves... Nos maîtres des lycées et des facultés y trouveront tous des sujets de méditations et d'excellents conseils. »

(*L'Enseignement secondaire.*)

---

**Les Études classiques et la Démocratie,** par M. **Alfred Fouillée.** Un volume in-18 jésus, broché. . . . . . . . 3 fr.

« M. Fouillée regarde la culture classique comme indispensable au maintien de la grandeur nationale. Sans que l'élévation de la pensée enlève rien à la précision des détails, il expose et soutient avec une grande force persuasive un plan d'enseignement basé sur cette culture. »

(*Le Temps.*)

---

**L'Université et la Société moderne,** par M. **Gustave Lanson,** professeur à l'Université de Paris. Un vol. in-18, br. . . 1 fr. 50

« Ce livre mérite d'être beaucoup lu. Les opinions très personnelles et modérées de M. Lanson restent intéressantes. C'est un des plus utiles commentaires et compléments de la réforme; il peut servir de guide à ceux qui ont à l'appliquer. »

(*L'Enseignement secondaire.*)

**L'Enseignement secondaire et la Démocratie,** par M. **Fr. Vial**, professeur au lycée Lakanal. In-18, br. 3 fr. 50
*Ouvrage couronné par l'Académie française (Prix Bordin).*

« L'enseignement secondaire, selon M. Vial, doit être littéraire et philosophique, constamment et profondément moral. On rencontre beaucoup de vues originales, suggestives, de pensées fortes, de remarques fécondes, d'idées justes dans le cours de ces analyses. Ce livre est à lire : il oblige à penser et à discuter. »

(G. Lanson. — *Revue Universitaire.*)

**Esquisse d'un Enseignement basé sur la Psychologie de l'Enfant,** par M. **P. Lacombe**. In-18 jésus (3e Édition), br. 3 fr.

« Il est certain que l'instruction doit être donnée à l'enfant suivant ses capacités et que l'on fait fausse route en faisant violence à ses instincts naturels. Les idées de M. Lacombe sont hardies, et elles seraient probablement fécondes si on les appliquait. »

(*Bulletin critique.*)

« Cet ouvrage a le rare mérite de n'être pas un recueil de lieux communs. Il est d'une originalité profonde, d'une inspiration généreuse, pleine de sens et conçu dans un excellent esprit. »

(Xavier Léon. — *Revue pédagogique.*)

**De la Formation des Maîtres de l'Enseignement secondaire** *à l'Étranger et en France*, par **M. Dugard**. Un vol. in-18 jésus (2e Édition), broché. . . . . . . . . . . . . . . . 3 fr.

« Après avoir exposé les conditions de la formation des maîtres à l'étranger, M. Dugard nous renseigne sur le mode de préparation des professeurs en France. Cet examen comparatif nous met à même de juger notre propre méthode et de voir les améliorations qu'il conviendrait d'y introduire. Il n'est pas besoin d'insister sur le caractère de pressante actualité et sur le grand intérêt de ce consciencieux et judicieux travail. »

(*Journal des Débats.*)

**La Pédagogie au Lycée :** *Notes de voyage sur les Séminaires de Gymnase en Allemagne*, par M. **Ch. Chabot**, professeur de science de l'éducation à l'Université de Lyon. In-18, br.. . . . . . 2 fr.

« M. Chabot, ayant eu une perception franche des milieux qu'il a traversés, nous en reproduit la physionomie avec l'art le plus direct et le plus nuancé. Si on s'occupe de notre enseignement, on ne peut ignorer son livre, et il faut y aller prendre une vive impression du travail des séminaires allemands. M. Chabot, par cet ouvrage, rend à la science pédagogique un service d'une rare portée. »

(G. Dumesnil. — *Revue internationale de l'Enseignement.*)

**Pour la Pédagogie,** par M. **Georges Dumesnil**, professeur à l'Université de Grenoble. Un vol. in-18 jésus, br. . . . 3 fr. 50
*(Ouvrage couronné par l'Académie des Sciences morales et politiques.)*

« La récompense accordée à cet ouvrage a presque coïncidé avec des mesures administratives qui font, dans la préparation des futurs maîtres de nos enseignements secondaire et supérieur, une place considérable à la pédagogie. Le livre de M. Dumesnil semble propre à jeter un jour sur le champ qui s'ouvre et où il s'agit d'entrer. »

(*Revue pédagogique.*)

**Pour et contre le Baccalauréat.** Compte rendu et conclusions de l'Enquête de la *Revue Universitaire*, par M. **Paul Crouzet**, professeur au collège Rollin. In-8° carré, br. 1 fr. 50

**Congrès des Professeurs** de l'Enseignement secondaire public : *Rapports généraux* des 2ᵉ, 3ᵉ, 4ᵉ, 5ᵉ, 6ᵉ et 7ᵉ Congrès (1898 à 1904). Un volume par Congrès : chaque volume in-18, br. 2 fr.

**Revue Universitaire** (22ᵉ Année), paraissant le 15 de chaque mois (sauf en août et septembre) : Éducation — Enseignement — Administration — Études littéraires et historiques. — Bibliographies. — Examens et Concours. — Devoirs de classe, etc.

Abonnement annuel (du 1ᵉʳ de chaque mois)

France et Colonies. . . . . 10 fr. | Union postale. . . . . . . . 12 fr.

Le numéro . . . . . . . . . . 1 fr. 25

La *Revue Universitaire* est particulièrement destinée aux maîtres de l'Université française. Dirigée et rédigée par eux, elle réserve une place importante aux questions qui touchent aux intérêts du personnel et à celles qui se rattachent à la préparation professionnelle. Ses *études littéraires et historiques*, son importante *bibliographie* en ont fait un instrument de travail à peu près indispensable au personnel enseignant.

## ENSEIGN. SECOND. DES JEUNES FILLES

**L'Éducation des jeunes filles**, par M. **Henri Marion**. Un volume in-18 jésus (2ᵉ Édition), broché. . . . . . . . . 3 fr. 50

« C'est un esprit large et libéral, surtout modéré et équilibré, qui inspire le livre de M. Marion. Cette sagesse, l'absence de toute théorie préconçue, et même d'érudition pédagogique qui fatiguerait autant qu'elle serait inutile, fait de ce livre un document précieux, dont on ne saurait se passer, quelque opinion que l'on ait sur l'éducation libérale. C'est à coup sûr, dans la vaste bibliothèque des livres traitant le même sujet, l'un de ceux qui doivent faire époque, parce qu'ici nous trouvons, à côté d'un esprit juste, une expérience acquise et des opinions reposant sur des faits. »

(P. Monet. — *L'Enseignement secondaire*.)

**Psychologie de la Femme**, par M. **Henri Marion**. Un volume in-18 jésus (5ᵉ Édition), broché. . . . . . . . . . . . . . 3 fr. 50

« On sent dans ce livre les scrupules d'un esprit critique qui a partout fouillé en conscience, qui voudrait être assuré de ne rien omettre, et l'émotion d'un homme de cœur à qui l'éducation des femmes apparaît comme l'une des plus pressantes nécessités. » (*Revue pédagogique*.)

« ... Il est regrettable que cette courte analyse oblige à omettre tant de détails heureux, de traits spirituels, de citations suggestives et à ne laisser que vaguement transparaître la courageuse loyauté, la clarté, la sincérité émue, la force persuasive de ces leçons. » (*Revue philosophique*.)

**De l'Éducation moderne des jeunes filles,** par M. **Dugard.** (4e Édition revue et corrigée). Une brochure in-16. . . . . 1 fr.

La jeune fille moderne reçoit une double éducation : celle de l'école et celle de son milieu. Et ces deux éducations se heurtent de tous points. Quelle forme prend ce conflit, quelles en sont les suites, comment y pourrait-on remédier, telles sont les questions examinées dans ces pages avec une pénétration et une fermeté de pensée également remarquables.

**Une Maison bien tenue :** *Conseils aux jeunes maîtresses de maison*, par Mme **Marie Delorme.** In-18 (3e Édition), br. 3 fr. 50
Relié toile. . . . . . 4 fr. 50

« Il faut souhaiter que ce précieux volume devienne le *vade-mecum* des jeunes maîtresses de maison. Elles y trouveront la solution de toutes les difficultés, petites et grandes, que la vie de chaque jour pose à une femme qui entend diriger effectivement le train de sa maison. Nul pédantisme d'ailleurs; une bonne grâce aimable au service du jugement le plus sûr. »
(*Journal des Débats.*)

**Théâtre pour les jeunes filles,** par M. **Maurice Bouchor.** Un vol. in-18 (3e Édition), relié toile, 4 fr. 50; — broché, 3 fr. 50

*Nausicaa. — La Première Vision de Jeanne d'Arc. — Le Mariage de Papillonne. — La Belle au Bois dormant. — Cendrillon.*

« Ce recueil contient cinq pièces déjà populaires dans les Écoles normales, les Écoles primaires supérieures et les Cercles de jeunes filles. M. Maurice Bouchor s'est gardé de prêcher, de moraliser; il a voulu avant tout faire œuvre de vérité et de poésie. » (*Revue Pédagogique.*)

## ENSEIGNEMENT PROFESSIONNEL

**L'Enseignement professionnel en France :** *Son histoire, ses différentes formes, ses résultats*, par M. **J.-B. Paquier,** docteur ès lettres, ancien prof. au lycée St-Louis. In-18, br. 3 fr. 50

« Dans cet ouvrage d'une fort intéressante et solide documentation, l'auteur nous donne l'histoire de l'enseignement professionnel en France. Il le compare avec celui qui est donné à l'Étranger. Il explique comment on arrivera à constituer « avec l'artisan des villes et le paysan des campagnes élevés dans le même esprit, et comme retrempés par une éducation vigoureuse, une saine et forte démocratie. » (*Le Figaro.*)

**Manuel d'Économie Commerciale** (*La Technique de l'Exportation*), par M. **Pierre Clergot,** professeur à l'École supérieure de Commerce de Lyon. Un vol. in-18, rel. toile. . . 4 fr. 50

« C'est la première fois que l'on tente dans notre pays d'étudier d'ensemble et de coordonner les questions d'économie commerciale. Ce livre sera particulièrement utile aux élèves de notre enseignement commercial moyen et supérieur; mais les élèves de nos autres écoles techniques — écoles d'agriculture ou écoles industrielles des différents degrés — y trouveront des connaissances qu'ils ont aussi à acquérir. »
(*Bull. de l'Assoc. des Anc. Él. de l'École supér. de Commerce de Lyon.*)

# BIBLIOTHÈQUE DES MAÎTRES

## LITTÉRATURE, HISTOIRE LITTÉRAIRE

**L'Art d'écrire** *enseigné en vingt leçons*, par M. **Antoine Albalat**. Un vol. in-18 (18e ÉDITION), relié toile, 4 fr. 50; — br. . 3 fr. 50

« L'originalité de cet ouvrage, venant après tant d'autres du même genre, c'est d'être pratique. M. Albalat a réussi à condenser, en vingt chapitres, les principes essentiels de l'art du style. C'est un professeur précieux pour qui n'en a pas eu, ou a oublié les leçons du sien. Et l'extrême abondance d'exemples, de citations, de remarques judicieuses et fines, rend son livre utile et agréable pour tout le monde. » (P. SOUDAY. — *Le Temps*.)

---

**La Formation du Style** *par l'assimilation des Auteurs*, par M. **Antoine Albalat**. Un vol. in-18 jésus (8e ÉDITION), br. 3 fr. 50

« La *Formation du style* est l'œuvre d'un technicien, d'un professionnel, qui serait en même temps un lettré. Ce n'est pas un traité en forme, régulier et didactique, ou un code de préceptes généraux, et encore moins un recueil, une mosaïque de citations commentées; c'est une suite de leçons, doctrinales et familières, sur l'art d'écrire, accompagnées d'un choix démonstratif. »
(H. CHANTAVOINE. — *Journal des Débats*.)

---

**Le Travail du Style** *enseigné par les corrections manuscrites des Grands Écrivains*, par M. **Antoine Albalat**. Un vol. in-18 jésus (7e ÉDITION), broché. . . . . . . . . . . . . . . . 3 fr. 50

*Ouvrage couronné par l'Académie française (Prix Saintour).*

« M. Antoine Albalat a trouvé la bonne et sans doute la seule manière d'enseigner le style. Il montre et démontre par l'exemple. En outre, comme ses exemples sont tirés de nos meilleurs écrivains, il trouve là matière à autant de chapitres de la plus ingénieuse et de la plus piquante critique littéraire. » (*Revue des Deux Mondes*.)

---

**Grecs et Latins** : *Morceaux choisis des Littératures Grecque et Latine*. Traductions nouvelles par MM. **Ad. Waltz**, professeur à l'Université de Bordeaux, et **Pierre Waltz**, maître de conférences à l'Université de Clermont-Ferrand. Un vol. in-18, de 580 pages, cartonné . . . . . . . . . . . . . . . . . . . . . . . 4 fr.

Cet ouvrage a pour but d'offrir à tous ceux qui n'ont pas étudié de langues anciennes, un recueil attrayant susceptible de les initier — autant qu'il est possible par des extraits et des traductions — aux beautés de la Littérature Grecque et de la Littérature Latine. Établi conformément aux derniers programmes, il s'adresse particulièrement aux élèves des lycées et collèges de garçons (sections Langues sciences); aux élèves des lycées, collèges et cours secondaires de jeunes filles; aux élèves des écoles normales primaires et des écoles primaires supérieures. Mais il attirera aussi et retiendra l'attention de tous les lecteurs cultivés.

**Dictionnaire encyclopédique illustré Armand Colin :** 1030 pages, 85000 mots, 2500 articles encyclopédiques, 300 cartes et plans de villes, 4500 gravures, 25 planches de style, 100 tableaux, 4 planches en couleur hors texte, 350 portraits, armes de villes, etc. Un volume in-4° couronne (19° × 24° × 6° 1/2), relié toile orange ou rouge, fers spéciaux d'après Ruty . . . . . . . . . . . 10 fr.
Relié demi-chagrin, plats toile. . . . . 14 fr.

---

*Le Vocabulaire français* : **Mots dérivés du Latin et du Grec,** par M. **I. Carré**, inspecteur général. Un vol. in-18 jésus (4° Édition), broché. . . . . . . . . . . . . . . . . . . . . . . . . . . 4 fr. 25
Relié toile, tranches rouges. . . . . . 5 fr. 50

Cet ouvrage constitue à la fois un instrument de travail méthodique et un instrument de recherches. Très complet et d'un maniement très commode, il s'adresse à tous ceux, qu'ils aient ou non pratiqué les langues anciennes, qui veulent étendre dans tous les sens et préciser leur connaissance du vocabulaire, trouver facilement et rapidement le sens exact et l'origine d'un mot.

---

**Dictionnaire-manuel-illustré des Idées suggérées par les Mots,** contenant *tous les mots de la langue française groupés d'après le sens,* par M. **Paul Rouaix**, professeur au lycée Carnot. Un volume in-18 jésus (7° Édition), rel. toile, tr. rouges. . 6 fr.

« Ce livre rendra des services dans l'enseignement, en permettant aux maîtres des sortes de thèmes français qui habitueront l'élève à la connaissance du vocabulaire. Les personnes qui, soit par métier, soit par occasion, sont obligées à écrire, le consulteront avec profit, dans ces minutes d'hésitation où le mot que nous cherchons nous échappe. » (*Nouvelle Revue.*)

« Ce Dictionnaire, véritable « thesaurus » de la prose française, est un livre indispensable pour tous ceux qui écrivent. »
(*Revue des Cours et Conférences.*)

---

**Dictionnaire-manuel-illustré des Écrivains et des Littératures,** par M. **Frédéric Loliée**, avec la collaboration de M. **Ch. Gidel**. In-18 jésus, *800 gravures* (3° Édition), relié toile tranches rouges. . . . . . . . . . . . . . . . . . . . . . . 6 fr.

« Ce dictionnaire aisé, maniable, fournit promptement et sûrement la notion la plus exacte de la valeur de chaque écrivain, le résumé le plus succinct de l'histoire intellectuelle de chaque peuple. »
(*Revue des Deux Mondes.*)

« Sans pédantisme, en de simples notices qui sont le plus souvent des portraits, MM. Loliée et Gidel nous renseignent sur tout ce qu'il est nécessaire de savoir des littératures et des écrivains. Leur ouvrage, qui s'adresse au public tout entier, sera bientôt dans toutes les mains. » (*Revue de Paris.*)

---

**Revue d'Histoire littéraire de la France** (20° année). Recueil trimestriel publié par la *Société d'Histoire littéraire de la France.*

Abonnement Annuel (de janvier)

France et Colonies . . . . . 22 fr. | Union postale. . . . . . . . . 25 fr.
Le numéro. . . . . . . . . . . 6 fr.

## MORALE, PSYCHOLOGIE, ÉDUCATION

**Cours de Morale**, destiné aux Maîtres, par M. **Jules Payot**, recteur de l'Académie d'Aix. Un vol. in-18 (8ᵉ Édition), br. . 2 fr. 50
Relié toile souple. . . . . . 3 fr.

« Ce livre d'énergie et de bonté est d'un penseur qui a vécu et lutté. C'est la doctrine solidariste et la doctrine rationaliste qu'il affirme. Pensée libre et altruisme en dehors de tout dogme : c'est là le fond du système d'inspiration nettement laïque que M. J. Payot introduit dans l'école. » (Édouard Petit.)

---

**La Culture morale**, par M. **Dugard**, professeur au lycée Molière. Un volume in-18 jésus (7ᵉ Édition), broché. . . . 3 fr.

« Voici un livre qui manquait et qui sera le bienvenu des maîtres et des élèves, de tous ceux qui apprécient plus l'exemple que la démonstration, les citations originales que les sèches analyses. Nous le recommandons aussi à ceux de nos lecteurs qui aiment les œuvres substantielles et mûries, faisant notre âme plus belle et plus forte. » (*La Lecture.*)

---

**Leçons de Morale**, par M. **Henri Marion**, professeur à l'Université de Paris. Un vol. in-18 (15ᵉ Édition), broché. . . . 4 fr.

Cet ouvrage est plein de clarté comme la parole dont il est le reflet. Il donne, outre le fond même de l'enseignement classique en fait de morale, un résumé et des citations des plus grands moralistes. L'auteur a insisté partout avec un soin particulier sur ce qu'il importe le plus qu'un maître sache et médite pour concevoir et accomplir comme il faut sa tâche d'éducateur.

---

**Notions de Psychologie** *appliquée aux choses de l'enseignement*, par M. **J. Viellot**, directeur d'École normale. In-18, br. 1 fr. 25

Ces notions ont pour but de montrer aux candidats au Certificat d'aptitude pédagogique quelle est la véritable tâche de l'Instituteur, tâche qui consiste surtout à développer chez l'enfant le cœur, l'intelligence et la volonté.

---

**Leçons élémentaires de Psychologie**, par M. **A. François**, directeur d'École normale. In-18 (2ᵉ Édition), broché. 80 cent.

Chaque leçon est établie de manière à offrir au maître les éléments nécessaires pour son exposition et le guider dans tous ses développements. Par l'enchaînement des questions et des réponses, elle favorise le travail de l'élève qui peut plus sûrement ainsi fixer les résultats de l'enseignement reçu.

---

**Leçons de Psychologie** *appliquée à l'Éducation*, par M. **Henri Marion**. Un vol. in-18 jésus (14ᵉ Édition), broché. . . 4 fr. 50

Pour compléter la culture générale des intelligences et les faire remonter aux sources vives de la pédagogie, un enseignement véritable est nécessaire, ample et clair, simple à dessein, familier à l'occasion, et autant que possible vivant. Ces qualités étaient le propre de l'enseignement de Henri Marion ; elles survivent entièrement dans ce livre.

**LE CORPS ET L'AME DE L'ENFANT**, par le Dr **Maurice de Fleury**, membre de l'Académie de Médecine.

* **Le Corps et l'Ame de l'Enfant.** Un vol. in-18 jésus (9e Édition), relié toile . . . 4 fr. 50; — broché. . . . 3 fr. 50

Exercices physiques. — L'alimentation. — Le bain; le vêtement. — La chambre à coucher; le sommeil. — Les vacances. — Le cerveau de nos enfants. — Les facultés de l'âme; le libre arbitre chez l'enfant. — L'énervement. — Comment on soigne la colère. — L'enfant peureux. — Les paresseux. — Les enfants tristes. — Sur le mensonge. — L'obéissance et l'initiative. — Les punitions. — Sur l'excès de tendresse. — La chasteté. — Conclusions.

** **Nos Enfants au Collège.** In-18 (3e Édition), br. 3 fr. 50

Le choix d'une école. — Au réfectoire. — Le dortoir; la propreté. — Récréations et gymnastiques. — L'infirmerie et le médecin du lycée. — La question du surmenage. — De la surcharge des programmes. — L'esprit scientifique. — De la nécessité d'enseigner l'hygiène. — Psychologie de l'écolier. Du bon et du mauvais vouloir chez l'écolier. — De l'inattention et de son traitement. — Les vertus de l'émulation. — L'enseignement de la morale. — Formation du caractère. — La générosité. — L'amour du vrai. — Conclusions.

**Journal d'une Institutrice,** par M. **L. Deries**, inspecteur d'Académie. Un volume in-18 jésus (4e Édition), broché. 3 fr. 50

*Ouvrage couronné par l'Académie des Sciences morales et politiques.*

« Nous accueillons ce livre avec joie, parce qu'il vient comme le témoignage discret et sans emphase de la valeur de l'institutrice et de son rôle. Les institutrices y trouveront de bons conseils, des directions utiles et des encouragements... Si certains ouvrages ont été justement qualifiés de mauvaises actions, celui-ci est une bonne action faite à propos. » (*Revue pédagogique.*)

**Maîtres et Parents.** *Étude et Enquête sur la coopération de l'École et du Lycée avec la Famille*, par M. **Paul Crouzet**, professeur au collège Rollin. Un vol. in-18 jésus, broché . . . 3 fr. 50

*Ouvrage couronné par l'Académie française (Prix Montyon.)*

Maîtres et parents s'entendent-ils, oui ou non, en vue de la meilleure éducation possible des enfants? Tel est le grave problème que s'efforce de résoudre M. Crouzet, après une minutieuse enquête de quatre années : étude complète, théorique et pratique pour tous les enseignements, la plus propre à provoquer chez tous les plus suggestives réflexions.

## BEAUX-ARTS

**Anthologie d'Art** (Sculpture-Peinture) : Orient, Grèce, Rome, Moyen Age, Renaissance, XVIIe et XVIIIe siècles, Époque contemporaine, par M. **Alfred Lenoir**, statuaire, inspecteur général de l'Enseignement du Dessin. Un vol. in-8° gr. jésus (19e × 28e) de 210 pages, renfermant *224 Planches*, broché . . . . . 7 fr. 50
Relié demi-chagrin, plats toile, fers spéciaux. . . . . 12 fr.
En portefeuille : *112 Planches séparées*, double face. . 11 fr.

(Cette dernière disposition — en portefeuille — permet de faire circuler les planches ou de les encadrer.)

## ÉDUCATION CIVIQUE, PHILOSOPHIE

LES AFFIRMATIONS DE LA CONSCIENCE MODERNE, par M. Gabriel Séailles :

* **Les Affirmations de la Conscience moderne.** Un vol. in-18 jésus (4e ÉDITION), broché. . . . . . . . . . . 3 fr. 50

« Le nom de l'auteur suffirait à recommander ce livre à ceux qui, dans une phrase harmonieuse, cherchent une pensée. Il traite d'un sujet qui ne doit laisser personne indifférent, et il le fait sur un ton qui concilie le respect de toutes les convictions avec la hardiesse de toutes les libertés. » (*Revue de Paris.*)

** **Éducation ou Révolution.** Un vol. in-18 jésus, br. 3 fr. 50

Après avoir, dans les *Affirmations de la Conscience moderne*, précisé l'idéal laïque, M. Gabriel Séailles expose de quel esprit doit s'inspirer l'éducation d'une démocratie, sur quels principes elle s'appuie, en des pages de haute et sereine raison.

**Manuel républicain** de l'Homme et du Citoyen, de **Charles Renouvier.** — *Nouvelle édition*, par M. **G. Thomas**, professeur au lycée de Pau. Un vol. in-18, broché. . . . . . . . . . 3 fr. 50

Ce livre, composé par l'un de nos plus grands penseurs, était destiné à instruire de leurs devoirs et de leurs droits les citoyens de 1848. Il avait le mérite de faire précéder la pratique républicaine d'une théorie aussi simple que forte des principes auxquels doit se reporter le gouvernement du peuple par lui-même. On peut dire qu'il est encore d'une urgente actualité.

**Solidarité,** par M. **Léon Bourgeois.** Un vol. in-18 jésus (7e ÉDITION, REVUE ET AUGMENTÉE), broché. . . . . . . . . . . . . 3 fr. 50

« Dans cette *Nouvelle édition*, la pensée de M. Léon Bourgeois, développée, accentuée, précisée au cours de conférences, de discussions, de congrès et d'expériences politiques nouvelles, atteint sa forme définitive et son suprême équilibre. Elle précise notre devoir social et ouvre un large champ à notre activité réformatrice. » (*Revue de Paris.*)

**La Mutualité :** *Ses principes, ses bases véritables*, par M. **F. Lépine,** inspecteur de l'Enseignement primaire. In-18, br. . . 3 fr. 50

« Voici une seconde édition, revue et considérablement augmentée, d'un ouvrage qui a déjà fait époque dans l'évolution technique de la mutualité française. Par la netteté doctrinale et les vues d'avenir qu'il renferme, cet ouvrage se recommande à l'attention du philosophe, de l'économiste et de l'homme public. » (*Revue politique et parlementaire.*)

**Les Sociétés coopératives de consommation,** par M. **Ch. Gide** (2e ÉDITION REFONDUE). In-18, br. . . . . . 3 fr. 50

La rédaction première de cet ouvrage était un bréviaire destiné aux membres des sociétés coopératives et à leurs administrateurs. Cette *Nouvelle Édition*, presque doublée, s'adresse en outre au grand public. C'est un manuel indispensable à toutes les personnes désireuses de se tenir au courant du mouvement coopératif et de son évolution.

**Les Fonctionnaires : leur action corporative**, par M. **Georges Cahen**, Maître des Requêtes au Conseil d'État. In-18, br. 3 fr. 50

« On sera séduit par l'exacte documentation de cet ouvrage, par sa belle ordonnance, sa parfaite clarté d'exposition, la rapidité, l'animation du récit. C'est un des livres les plus étudiés, les mieux faits, qui aient été écrits sur une grande question contemporaine. On devra y recourir pour connaître le passé et le présent du corporatisme des Fonctionnaires. » (*Revue Bleue.*)

« Voici un livre qui vient à son heure et qui rendra des services. Retracer l'histoire des groupements corporatifs et des grèves de fonctionnaires, montrer les transformations profondes que subit l'administration, analyser les tendances des syndicalistes, des partisans du Statut et des défenseurs de l'autoritarisme, tel est le but que s'est proposé l'auteur. Son étude est indispensable à ceux qui s'occupent de la crise actuelle, soit pour l'enrayer, soit pour la diriger. » (*Revue Universitaire.*)

---

**Syndicats et Services publics**, par M. **Maxime Leroy**. Un vol. in-18, broché. . . . . . . . . . . . . . . . . . . . . . 3 fr. 50

« Les ouvriers et les fonctionnaires semblent vouloir s'unir. Pour quelle raison? Dans quel but? Pour quels résultats? Que doit faire et que fera le Parlement? Voilà ce que M. Leroy a essayé d'éclaircir, et d'expliquer dans ce livre impartial, sérieux et très documenté. » (*Journal des Débats.*)

---

**Discours à des Enfants**, par M. **Ernest Lavisse**. In-18. 1 fr.

L'école laïque. — L'histoire à l'école. — La patrie. — L'égalité des filles et des garçons.

**Nouveaux Discours à des Enfants**, par M. **Ernest Lavisse**. Une brochure in-18. . . . . . . . . . . . . . . . . . . . . . 1 fr.

Le respect des opinions et des croyances. — Les leçons du pays natal. — La conquête des ailes. — La dignité de l'école.

---

**Aux Jeunes gens** : *Quelques conseils de morale pratique*, par M. **P. Malapert**. Un vol. in-18 jésus (6e Édition), broché. 2 fr.

*Ouvrage couronné par l'Académie des Sciences morales et politiques.*

« Que les professeurs des hautes classes, que les administrateurs de nos établissements d'enseignement lisent ces pages; qu'ils réfléchissent à leur opportunité. Je voudrais voir ce petit volume de morale vraiment pratique dans toutes les bibliothèques des classes supérieures. » (*Bulletin critique.*)

---

**Vers l'Idéal laïque et républicain**, *à travers les plus belles pages de toutes les littératures*, recueillies et commentées par MM. **B. Maurellet**, inspecteur d'Académie, et **P. Capdeville**, inspect. de l'Enseig. primaire. Un vol. in-18 (2e Éd.), br. 2 fr. 50

La Bible. — Homère — Sophocle. — Aristophane. — Platon. — Démosthène. — Lucrèce. — Virgile. — Tacite. — Dante. — Rabelais. — Cervantès. — Shakespeare. — Descartes. — Pascal. — Corneille. — La Fontaine. — Molière. — Racine. — Montesquieu. — Voltaire. — J.-J. Rousseau. — Gœthe. — Chateaubriand. — Lamartine. — A. de Vigny. — Michelet. — Sully Prudhomme, etc.

**Les Conditions du Bonheur,** par M. **Paul Souriau,** professeur à l'Université de Nancy. In-18 (2e Édition), br. . . 3 fr. 50

« C'est en philosophe qui a suivi les récents progrès de la psychologie des émotions et des sentiments et l'évolution de la société que M. Souriau reprend l'examen de la vieille question du bonheur. Il croit le bonheur possible, le bonheur que l'on mérite par l'effort et que l'on partage avec ses semblables. » (*Revue de Paris.*)

**Pages éparses,** par M. **Louis Liard,** membre de l'Institut, vice-recteur de l'Académie de Paris. Un vol. in-18 jésus, broché, 3 fr.

« La multiplicité des sujets traités donne à ce livre une variété des plus agréables. Tour à tour s'élevant, à propos de Pasteur, à de hautes considérations philosophiques, prenant ailleurs, pour parler des Universités, le ton de la plus large pédagogie, ce volume est de nature à intéresser non seulement les maîtres de nos divers degrés d'enseignement, mais aussi les élèves des classes supérieures. » (*L'Enseignement secondaire.*)

**Vocabulaire manuel d'Économie politique,** par M. **A. Neymarck,** ancien président de la Société de statistique de Paris. Un volume in-18 jésus, relié toile, tranches rouges. . . . 5 fr.

« M. Neymarck a réuni ici des définitions et des indications se rapportant à la science économique, et il a réussi à éclairer ce qui pouvait sembler obscur dans ces savantes encyclopédies. Nous ne saurions trop recommander cet ouvrage à tous ceux qui étudient l'économie politique. » (*Le Temps.*)

**Le Vocabulaire philosophique,** par M. **Ed. Goblot,** prof. à l'Université de Lyon. In-18 (3e Éd.), rel. toile, tr. rouges. 5 fr.

« Souvent l'étudiant, le professeur même, sont arrêtés dans une lecture philosophique par des mots dont le sens précis leur échappe. Le *vocabulaire* de M. Goblot y pourvoira... Rédigé dans une langue claire et simple, résumant tout en n'omettant rien, il est particulièrement remarquable. » (*Revue de Philosophie.*)

**Revue de Métaphysique et de Morale** (21e Année), paraissant tous les deux mois. Secrétaire de la rédaction : M. **Xavier Léon.**

Abonnement annuel (de janvier)

France et Colonies. . . . . 12 fr. | Union postale. . . . . . . . 15 fr.
Le numéro . . . . . . . . . . . . . . . . 3 fr.

**Bulletin de la Société française de Philosophie** (13e Année). — Administr : M. **Xavier Léon.** — Secrétaire gal : M. **André Lalande.**

Chaque année du *Bulletin* comprend 8 numéros. — Le dernier numéro de l'année est consacré à la « Bibliographie de la Philosophie française ».

Abonnement annuel (de janvier)

France et Colonies . . . . . 8 fr. | Union postale. . . . . . . . 10 fr.
Le numéro, 1 fr. 50. — Bibliographie de la Philosophie française, 4 fr.

Les abonnés à la *Revue de Métaphysique* ont droit à une réduction de 2 fr. sur le prix de l'abonnement au *Bulletin de la Société française de Philosophie.*

## SCIENCES — MANUELS DIVERS

### « LES PETITS MANUELS DU FOYER »

Chaque volume in-16, *illustré*, broché . . . . . . . . . . . . . . . . 1 franc.

**La Cuisine** *simple et à bon marché*, par Mme Augusta Moll-Weiss.

**L'Habitation.** *" Ma Maison ", généralités et conseils*, par M. Georges Roux.

**La Basse-Cour :** *Le Poulailler, le Pigeonnier, le Clapier*, par Mme L. Desvernays.

**Le Jardin fruitier et potager,** par M. H. L. Alph. Blanchon.

**Fraudes et Falsifications faciles à éviter,** par M. J. Léchalet.

**L'Art et le Goût au foyer :** *Une des conditions du bonheur*, par M. Hennequin.

**La Loi au Foyer :** *La Famille, le Patrimoine*, par M. Henri Michel.

**Fiançailles et Fiancés,** par Mme Adrienne Cambry.

**Le Budget Familial,** par M. Paul Jolis.

---

**Le Livre du Foyer,** par Mme **Augusta Moll-Weiss**, fondatrice et directrice de *l'École des Mères*. Préface par M. le Dr Gilbert-Ballet, de l'Académie de Médecine. Un volume in-8° (13° × 20°), 534 pages, *300 figures*, *20 tableaux*, rel. toile . . . . . . . 5 fr.

La Maîtresse de Maison. — La Maison. — Vie à la Maison. — Les Vêtements. — Les Aliments. — Les Hôtes de la Maison. — Gouvernement de la Maison. — Hygiène. — Soins aux Enfants, aux Vieillards, aux Malades, etc.

*Ouvrage couronné par l'Académie française (Prix Montyon).*

« Cette agréable encyclopédie repose sur des investigations et des réflexions, sur une documentation considérable. Elle présente, dans toutes les branches de ce que l'on pourrait appeler « l'art du Foyer », une foule d'indications bien ordonnées, claires et pratiques. » (*Revue Bleue.*)

« Sous ce titre modeste, mais significatif, et qui tient tout ce qu'il promet, Mme Augusta Moll-Weiss apporte une précieuse contribution à la *Home-Science* et fait une véritable encyclopédie de toutes les choses qui regardent l'intérieur de la maison. Les lectrices qui pratiqueront ce livre y trouveront réunis tous les résultats positifs de la science pour la direction du ménage et tous les conseils pratiques d'une femme expérimentée qui fait profiter les autres de son expérience. » (*Revue Universitaire.*)

« Ce livre, adapté aux choses de la vie courante, sera très utile aux femmes qui restent au foyer et plus encore à celles qui, par nécessité, sont obligées de s'en évader pendant la plus grande partie de la journée. » (*La Mère et l'Enfant.*)

---

**Notions élémentaires d'Hygiène pratique,** par M. le Dr **Galtier-Boissière.** Un vol. in-18, *270 gravures et 8 planches en couleur* (12e Édition), relié toile 4 fr. ; — broché. . . 3 fr. 50

Cet ouvrage est un *vade-mecum* familial où l'on trouve tous les renseignements de médecine usuelle, les recettes pharmaceutiques indispensables, un résumé des soins et précautions concernant les asphyxiés et les noyés, des indications précieuses pour reconnaître les falsifications alimentaires, etc. C'est une exposition claire et nette des règles élémentaires de l'hygiène.

**Cours complet d'Éducation physique**, par MM. **H. Fabens** et **L. G. Kumlien**. Un vol. in-8° écu, *213 figures*, *3 tableaux* hors texte, couverture en couleur, broché. . . . . . . . . . 2 fr. 75

*Notions d'Hygiène et de Physiologie* : Les effets de l'exercice. L'éducation des sens. Hygiène de l'école et de l'écolier. Les déformations scolaires. — *Gymnastique éducative et gymnastique suédoise* : La gymnastique des tout petits. La gymnastique des jeunes filles. Résultats de la gymnastique rationnelle. La leçon de gymnastique éducative. Une leçon-type de gymnastique suédoise. Choix de mouvements. — *Jeux et sports scolaires* : Rôle éducatif du jeu. Jeux à couvert. Jeux et sports de plein air. Règles du jeu de football-association, de football-rugby, du jeu de hockey.

---

**Éléments et Notions pratiques de Droit**, par M. **H. Michel**, substitut au Tribunal de la Seine. Un volume in-18 jésus, relié toile, tranches rouges . . . . . . . . . . . . . . . . . 6 fr.

Organisation politique, judiciaire et administrative de la France continentale. Elections, incapacités, réhabilitations. Notes sur les juridictions, la procédure civile, l'instruction criminelle, le jury. Droit civil : éléments et principes généraux, tenue des registres de l'État civil, mariage et divorce, tutelle, successions, donations, contrats et obligations. Tarif des actes notariés.

---

**Dictionnaire-manuel-illustré de Géographie**, par M. **A. Demangeon**, professeur à la Faculté des lettres de l'Université de Lille, avec la collaboration de MM. J. Blayac, Is. Gallaud, J. Sion, A. Vacher. Un volume in-18 jésus, avec *cartes* et *gravures*, relié toile, tranches rouges. . . . . . . . . . . . 6 fr.

Nomenclature des noms de lieux; — des voyageurs, explorateurs et géographes. — Définitions de physique terrestre, de météorologie, de morphologie; — de géographie botanique, zoologique et humaine; — de géographie industrielle, commerciale, maritime et politique. — Définitions de cartographie.

---

**Dictionnaire-manuel-illustré des Sciences usuelles**, par M. **E. Bouant**, professeur agrégé au lycée Charlemagne. Un vol. in-18 (9e Édition), *2500 gravures*, rel. toile, tr. rouges. . . 6 fr.

Astronomie. — Mécanique. — Physique. — Météorologie. — Chimie. — Biologie. — Physiologie. — Zoologie. — Botanique. — Géologie. — Minéralogie. — Médecine. — Hygiène. — Agriculture. — Industrie. — Art militaire, etc.

---

**Dictionnaire-manuel-illustré des Connaissances pratiques**, par M. **E. Bouant**. Un volume in-18 jésus (8e Édition, entièrement mise à jour), *1600 gravures*, rel. toile, tr. rouges 6 fr.

Médecine pratique. — Économie domestique et rurale. — Jardinage. — Chasse. — Pêche. — Cuisine. — Recettes pratiques. — Jeux. — Sports. — Villes d'eaux et de bains de mer. — Savoir-vivre. — Législation usuelle. — Administration. — Finances. — Assurances. — Écoles spéciales. — Professions et Métiers.

**Dictionnaire-manuel-illustré d'Agriculture,** par M. **Daniel Zolla**, professeur à l'École nationale d'Agriculture de Grignon, avec la collaboration de MM. J. Tribondeau, Charvet, Ch. Julien et Carré. Un vol. in-18 jésus, *1900 gravures*, rel. toile, tr. rouges. 6 fr.

Agriculture. — Arboriculture. — Horticulture. — Sylviculture. — Viticulture. — Élevage : animaux domestiques et oiseaux de basse-cour. — Abeilles. — Vers à soie. — Insectes. — Maladies des animaux et des plantes. — Engrais. — Constructions rurales. — Législation usuelle. — Industrie agricole.

**Animaux de nos Pays :** *Dictionnaire pratique* permettant instantanément et sans connaissances spéciales de déterminer le nom d'un animal, ou de trouver, sur un animal donné, tous les renseignements pratiques dont on peut avoir besoin, par M. **H. Coupin**, docteur ès sciences, lauréat de l'Institut. Un volume in-18, *600 gravures* et *46 tableaux*, relié toile. . . . 6 fr.

« Cet ouvrage, qui renferme la description des animaux les plus communs de France, de Belgique et de Suisse rangés suivant leur ordre dans la classification scientifique, sera particulièrement utile aux instituteurs pour la préparation de leurs leçons de choses, pour la détermination d'échantillons de leurs musées scolaires, enfin pour y trouver à tout instant une foule de renseignements. » (*Journal des Instituteurs.*)

**Revue générale des Sciences** pures et appliquées (24e Année), paraissant les 15 et 30 de chaque mois. — Fondateur : M. **Louis Olivier**. — Directeur : M. **J.-P. Langlois**.

Abonnement (du 15 de chaque mois)

| | | | |
|---|---|---|---|
| *Six mois* : Paris. . . . . . . . | 13 fr. 50 | *Un an* : Paris. . . . . . . . . . | 25 fr. |
| — Départements, Colonies et Alsace-Lorraine. . . . . . | 14 fr. 50 | — Départements, Colonies et Alsace-Lorraine. . . . . . . | 27 fr. |
| — Union postale . . . . . . | 15 fr. 50 | — Union postale. . . . . . . . | 30 fr. |

Le numéro. . . . . . . . . . . . . . . . 1 fr. 50

**Annales de Géographie** (22e Année), publiées sous la direction de MM. **P. Vidal de la Blache, L. Gallois et Emm. de Margerie**, assistés d'un Comité de patronage; paraissant en janvier, mars, mai, juillet et novembre. (Les abonnés reçoivent gratuitement la *Bibliographie géographique annuelle* qui paraît en septembre.)

Abonnement annuel (de janvier)

France et Colonies. . . . . . 20 fr. | Union postale. . . . . . . . . . 25 fr.
Chaque numéro, 4 fr. — Dernière *Bibliographie géographique* parue, 5 fr.

Chaque année des *Annales de Géographie*, formant un vol. in-8°, broché : 25 fr.
Les *1re, 6e, 7e, 8e, 11e, 12e et 16e années* ne sont vendues qu'avec la collection complète.
*Bibliographies* de 1893 à 1910 (sauf celle de 1896, *épuisée*) : chacune 10 fr.
*1re Table décennale* des *Annales de Géographie* (1891-1901). In-8°, br. . . 4 fr.
*2e Table décennale* des *Annales de Géographie* (1902-1911). In-8°, br. . . 5 fr.

## ENQUÊTES ET INFORMATIONS

### L'ÉDUCATION ET LA SOCIÉTÉ EN ANGLETERRE

(*Ouvrage couronné par l'Académie française.*)

* **L'Éducation des classes moyennes et dirigeantes en Angleterre**, par M. Max Leclerc, avec un avant-propos par M. É. Boutmy, de l'Institut. Un vol. in-18 (3e Édition), br. 4 fr.

« M. Max Leclerc a cherché ce que font la famille, l'État, l'école pour former les classes qui constituent l'élite politique, intellectuelle, industrielle, commerciale de l'Angleterre et qui ont fait la grandeur prodigieuse de ce pays. Le résultat de cette enquête, poursuivie avec une patience et une sagacité rares, est bien fait pour troubler les idées de la pédagogie continentale. » (*Revue de Paris.*)

** **Les Professions et la Société en Angleterre**, par M. Max Leclerc. Un volume in-18 jésus (3e Édition), broché. . . . 4 fr.

« Ce livre de M. Max Leclerc est une remarquable contribution à cette science nouvelle que les Allemands appellent la psychologie des peuples. Je crois qu'en France on n'a jamais rien écrit de plus pénétrant et de plus réfléchi sur les mœurs et le caractère des Anglais. » (*Journal des Débats.*)

## PUBLICATIONS DU MUSÉE PÉDAGOGIQUE

V.-H. Friedel. — Traitements des instituteurs et des institutrices à l'étranger. In-8°, broché . 3 fr. 50

M. Pellisson. — Les Œuvres auxiliaires et complémentaires de l'École en France. In-8°, br. 3 fr.

— Les Bibliothèques populaires à l'étranger et en France. In-8°, br. 3 fr.

Ch. Seignobos. — Le régime de l'Enseignement supérieur des lettres : *analyse et critique*. In-8°, br. 1 fr.

F. Marotte. — L'Ens. des sciences mathématiques et des sciences physiques dans l'Ens. secondaire des garçons en Allemagne. Br. 2 fr. 50

A. Panthier. — Enquête historique sur l'Ens. manuel dans les écoles non techniques. In-8°, br . 3 fr. 50

W. Münch. — Réformes possibles et impossibles dans l'Ens. secondaire en Allemagne. In-8°, br. 1 fr.

*Conférences du Musée pédagogique :* L'Enseignement du Dessin. 3 fr. 50

— L'Enseignement du Français. 3 fr. 50

— L'Enseignement des Leçons de choses dans les classes primaires des lycées de filles et dans les écoles primaires de filles, par Mlle Amieux. In-8°, br. . . . . . . . . 2 fr. 50

— L'Enseignement des Leçons de choses, par Brucker et Caustier. In-8°, broché. . . . . . . . . . 3 fr. 50

Conférences du Laboratoire d'Hygiène scolaire. In-8°, br. . . . . 3 fr.

— L'Enseignement de la Puériculture, par les Drs Pinard et Méry. In-8°, broché. . . . . . . . . 3 fr.

Le Musée pédagogique (1879-1904). *Historique et régime actuel.* In-8°, br. 1 fr.

Catalogue des Manuscrits *conservés à la Bibliothèque du Musée pédagogique* : Deux parties : 1re Partie, in-8°, br. 0 fr. 50; 2e Partie, in-8°, br. 1 fr. 50

Catalogue de la Bibliothèque de l'Enseignement public : *Périodiques*. Br. 1 fr.

# TABLE PAR NOMS D'AUTEURS



R.F.

www.ingramcontent.com/pod-product-compliance
Ingram Content Group UK Ltd.
Pitfield, Milton Keynes, MK11 3LW, UK
UKHW021058230726
13926UKWH00004B/1928

9 782013 545655